图说中国吉祥物

TUSHUO ZHONGGUO JIXIANGWU

●大乔 编著

中国社会科学出版社

图书在版编目（CIP）数据

图说中国吉祥物／大乔编著．—北京：中国社会科学出版社，
2008.5（2015.5 重印）
ISBN 978-7-5004-6861-5

Ⅰ．图…　Ⅱ．大…　Ⅲ．吉祥物-中国-图解　Ⅳ．K892.29-64

中国版本图书馆 CIP 数据核字（2008）第 047708 号

出 版 人	赵剑英
责任编辑	任　明
特约编辑	晓　丽　艳　芝
责任校对	玲　珑
责任印制	何　艳

出　　版	中国社会科学出版社
社　　址	北京鼓楼西大街甲 158 号
邮　　编	100720
网　　址	http://www.csspw.cn
发 行 部	010-84083685
门 市 部	010-84029450
经　　销	新华书店及其他书店

印刷装订	北京君升印刷有限公司
版　　次	2008 年 5 月第 1 版
印　　次	2015 年 5 月第 2 次印刷

开　　本	710×1000　1/16
印　　张	15.25
字　　数	280 千字
定　　价	32.80 元

目 錄

一 龙飞凤舞

二　兰桂齐芳

三　平安如意

四　吉星高照

五 福寿万代

一　龙飞凤舞

龙

　　龙是中华民族最大的神物，也可以说是最大的吉祥物。几千年来，它从无一刻离开过我们的生活，朝野士庶都尊它为动物之长乃至万灵之长。它的影响源远流长，渗透到了传统文化的方方面面，也作用着现代人的物质生活和精神生活。在国际上，它几乎就是我们祖国和民族的象征。

　　其实，龙不过是一个杂凑的象征性动物，只存在于观念之中。关于龙的形象，古代有"三停九似"说。南宋罗愿《尔雅翼》引用汉人王符的话说："王符曰世俗常画马首蛇身以为龙，实则有三停九似说。谓自首至膊，膊至腰，腰至尾，皆相停（均匀相等）也。九似者，角似鹿，头似驼，眼似兔，项似蛇，腹似蜃，鳞似鱼，爪似鹰，掌似虎，耳似牛。"此外，龙能变化。《说文解字》说："龙，鳞虫之长，能幽能明，能细能巨，能短能长。春分而升天，秋分而潜渊。"有的典籍所描述的龙的特异之处更加突出，它不仅是鳞虫之长，而俨然动物始祖。《淮南子·地形训》说：

云龙图。南宋陈容绘。

晚清刺绣龙袍

民国龙凤呈祥纹盘

羽嘉生飞龙，飞龙生凤凰，凤凰生鸾鸟，鸾鸟生庶鸟，凡羽者生于庶鸟。毛犊生应龙，应龙生建马，建马生麒麟，麒麟生庶兽，凡毛者生于庶兽。介鳞生蛟龙，蛟龙生鲲鲠，鲲鲠生建邪，建邪生庶鱼，凡鳞者生于庶鱼，介潭生先龙，先龙生玄鼋，玄鼋生灵龟，灵龟生庶龟，凡介者生于庶龟。"由此又可以知道龙的种类很多，诸如蛟龙、虬龙、应龙、夔龙、飞龙等。据传，有鳞者为蛟龙，有翼者为应龙，有角者为虬龙，无角者为螭龙，未升天者为蟠龙，好水者为晴龙，好火者为火龙，善吼者为鸣龙，好斗者为蜥龙。

龙的"德"也很多，诸如龙眼识宝、龙行有雨、龙行熟路等，特别突出。单只是夔龙就有好几点，《龙经》说："夔龙为群龙之主。饮食有节，不游浊土，不饮温泉，所谓饮于清、游于清者。"

龙从它被创造出来的那一天开始，就颇不平凡，其后愈演愈烈。关于龙的说法极多。龙为"四灵"之一，是最大的灵物。因此，它是神学政治最重要的工具。旧传有"河图洛书"之说，河图也叫"龙图"。《宋书·符瑞志》说："赤龙、河图者，地之符也。王者德至渊泉，则河出龙图。"《尚书·君奭》孔颖达疏说："凤见龙至，为成功之验。"由此，后世最高统治者被称为"真龙天子"，所谓"飞龙在天，犹圣人之在王位"。有关帝王的种种事物，从容颜到骨相，从居处到行走，从言谈到文书，都被冠以"龙"字。与这个系列相对，普通民众也视龙为神物、灵物、吉祥之物，或命名以龙，或称子孙为"龙子龙孙"，或称女婿为"乘龙快婿"，就连属相中的蛇也婉称"小龙"。

在我国，龙的形象应用极广。从飞檐到丹陛，从壁画到染织，从服饰到

龙船彩灯。苏州手工艺品。

北京故宫九龙壁

车辇，从衾枕到画稿……生活中几乎随处可见。龙的形象多以雕镂、图绘两种形式出现。皇宫中有鎏金铜龙、赤金铸龙，廊柱、丹陛雕木龙、石龙；宫殿、寺庙屋脊、飞檐雕龙；皇室家具、什器雕刻、图绘各种龙，民间衾枕、窗花等绣龙、剪龙，等等。福建沿海渔民彩綵船只，要在船头两侧安两只圆鼓鼓的龙眼，船身绘成龙的形状，俗传这样可以吓跑鲨鱼。旧时帝王及皇室成员穿龙袍，皇帝龙袍上所绘的龙最多，如清代皇帝龙袍正面下摆绣九龙，胸部为金龙。传统的龙舟更是集雕刻和彩绘于一身的龙的艺术。

普通所绘以虬龙、蛟龙、应龙、夔龙最多。此外，还衍化出许多龙的造型、纹图来。如团龙（用途极广，一般居于图案的中间），夔龙拱壁（绘于壁上），龙抓珠（用于桌腿、门柱等）、拐子龙、龙花拐子、草龙拐子（应用于各种物件的边沿装饰）。此外还有九龙、二龙戏珠、蜥龙闹灵芝等纹图。又有"状元及第"，为戴冠童子乘龙的纹图，借用"鲤鱼跳龙门"的典故而成，用于文具、什器等。龙凤结合的纹图，叫"龙凤呈祥"，用途很广，尤其多用于祝贺新婚；婚联中也多有此种祝颂之词。

<h1>龙九子</h1>

龙是我国堪称第一的吉祥物，它不仅本身的应用极为广泛，而且还有许多的种类，可以适用于不同的寓意。更有意思的是，习俗相传龙还生了九个儿子，而且形象不同，各有所好。明代笔记对此多有记载，概括说来，就是"龙生九子不成龙，各有所好"。

虽然大家都说"龙生九子不成龙，各有所好"，但龙的九子究竟有哪些，排行如何，却并无一定之说。相传有一次，明孝宗朱祐樘心血来潮，问以饱学著称的礼部尚书李东阳："朕闻龙生九子，九子各是何等名目？"当时，李东阳竟也回答不上来。退朝后，李东阳凑出了一张清单，所列龙的九子是：蚣蝮、嘲风、睚眦、赑屃、椒图、螭吻、蒲牢、狻猊、囚牛。不过，这仅是龙九子的一种概括，此外的说法还有不少，可谓众说纷纭，莫衷一是。

赑屃

螭吻

蒲牢

狴犴

饕餮

蚣蝮

狻猊

睚眦

椒图

赑屃残碑基座，河北正定出土。

由于龙之九子有诸多不同说法，因而细数起来，列在龙子名下的就不只是"九"了，数目要远多于此；而且关于它们的"所好"，因异名而略有出入。其中，影响较大而常见的，有如下这些：

赑屃：也叫霸下。形状像龟，喜好负重，所以常见于碑下，作为驮碑的龟趺。相传它是九龙子中的老大，触摸它能带来福气。而龙子所以长居人世间，据说也和这位老大有关。俗传赑屃带着八个龙弟私自下到凡间游玩，被人世的皇帝给知道了。皇帝一心要留它们在凡间，就出了个题目，要它们把一块巨大的石碑带走。由于赑屃是老大，而且性好负重，于是哥儿几个就推它出头。谁想石碑题有真龙天子皇帝的玉笔亲书，赑屃背不动，所以九龙子就不得不留在了人间，各司其职，造福人类。九龙子诸说中，还有虮蝮，有人说它是"霸下"的音转，实际上也就是"碑下"，职司就是负重驮碑。而赑屃却有另外的习性——好文，所以它是做碑两边的蜿蜒的图案的。

螭吻：也写作蚩吻、鸱吻等，又叫嘲风。它的形状，像兽头。它的习性，有好险、好望、好吞诸说。好险是说它喜欢在高处；好望，是说它喜欢东张西望。而要望得远，就要站得高，所以螭吻就做了殿阁屋脊上最前端的装饰。至于好吞，是说它喜欢吞火，所以在屋脊上压辟火灾。

蒲牢：形状像龙，但比较小。性喜吼叫，所以做了大钟的钮。相传蒲牢生活在海边，平生最怕海里的鲸鱼，每当遇到鲸鱼袭击时，就要大吼大叫。后来人们就把大钟的钮铸成蒲牢的形状，而且用雕刻成鲸鱼形状的木杠撞钟，俗说可以使钟声音洪亮、远传千里。由此，蒲牢也成了钟的代称。此外，古代的编钟钮也装饰着蒲牢，用意与钟钮一致，但人们的愿望是清脆、悦耳，而非只响亮。

狴犴：形状像虎，威猛有力，又喜好诉讼，所以被立在监狱的门边，或雕刻在监狱的门上，或装饰在死囚牢的门楣上。后来，狴犴也成了监狱的代称。

饕餮：形状像狼，性喜饮食，多装饰在鼎盖或者鼎壁上。鼎是古代的食

北京故宫太和殿鸱吻

商周青铜器
上的饕餮纹

清代珽珌剑装

香炉腿上的狻猊

钟上的蒲牢

石鼓上的狴犴

椒图铺首

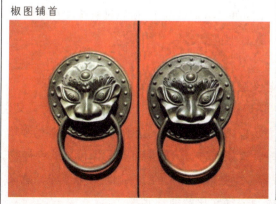

9

器，饕餮好食，所以它的职司还算恰当。此外，饕餮作为一种图案化了的兽面纹饰而出现在商周青铜器上，有首无身，面目狰狞，称为饕餮纹。

狻猊：也叫金猊、灵猊。它的形状像狮子，习性有好香火、好坐两说。狻猊好香火，所以香炉做成它的形状，或用它来装饰在香炉盖或香炉壁、香炉腿上，后来成了香炉的代称。狻猊好坐，所以又成了佛的坐席。

睚眦：形似豺狼的豸，喜好腥杀，所以被装饰在刀剑的吞口和鞘上，来加强杀气。又传说睚眦能吞兵器，所以负责看护天下兵器。这里，杀敌、护己，作用是统一的。

蚣蝮：喜欢水，水性好，所以多见于桥柱或桥身。蚣蝮嘴大、肚子大，能吞江吐雨，所以也职司排除雨水，被用作建筑物的排水口。在我国各地的古建筑中，都可以在排水口见到蚣蝮的身影。不过，前述赑屃别称 虫夏虫丂，字形与蚣蝮相近，不知谁是谁非；而这种歧异，正体现了龙九子的众说纷纭。

椒图：也写作椒涂，形似螺蚌，好闭口，所以常被装饰在门上，或者做成门上的铺首。好闭正是螺蚌的习性，螺蚌遇到侵犯时总是紧闭壳口。人们把椒图用在门上，正是取它的这种习性，让它负责看守门户。

除以上九种之外，关于龙子还有以下说法：

金吾：形似美人，尾似鱼，生有两翼。其习性是通灵不寐——整夜都不必睡觉，所以被用于夜间巡逻警戒，古时宵禁的仪仗棒就叫做金吾。

因牛：形似兽，好音，胡琴头刻成它的形象。

宪章：好因，其作用大概和狴犴类似。

螭虎：形似龙，好文采，装饰在石碑的两旁。就喜好与作用而言，它有些近以赑屃。

蚪蛥：形似小龙，性好立于险处（近似螭吻），所以被装饰在柱子头上。

蟋蜴：好腥。就习性而言，近似睚眦。

蟕蛤：好风雨。

嘲风：平生好险，殿角走兽是其形象。

鳌鱼：形似龙，好吞火，所以被装饰在屋脊上。这一点近似螭吻。又说它也叫蛮哈，好风雨，在海中背负蓬莱仙山。这里，蛮哈显然就是前述的蟕蛤。

不管龙的九子究竟是哪些、该如何排行，它们都是我国传统的吉祥物，而且多以实物（大多是取其头部，少数取整体）的形象出现，兼具象征意义、艺术价值和实际效用，已经成为中华文化的独特元素。

凤　凰

　　凤凰是我国传说中的瑞鸟，在百鸟中雄居首位。《大戴礼记·易本命》说："有羽之虫三百六十而凤凰为之长。"凤凰与龙一起构成了龙凤文化，是中国传统文化中极为重要的一部分。

　　关于凤凰的生成，纬书《春秋演孔图》说："凤，火精。"《春秋元命苞》说："火离为凤。"两书都说凤凰是五行中的火所生成的。关于凤凰的声容形貌，古代描摹颇多，典型的有六象：头象天，目象日，背象月，翼象风，足象地，尾象纬（《太平御览》卷九一五），但所说都抽象难明。《宋书·符瑞志》说得较为具体："蛇头燕颔，龟背鳖腹，鹤顶鸡喙，鸿前鱼尾，青首骈翼，鹭立而鸳鸯思。"《韩诗外传》也说："凤象鸿前而麟后，蛇颈而龟尾，龙文而龟身，燕颔而鸡喙。"总之，它也是一个与龙、麒麟一样，杂糅了许多动物

凤凰图。潮州绣品。

特点、想象而来的动物。

凤凰既然是瑞鸟、百鸟之王，它的形象、习性也就特别一些，并且都能给予符合仁义伦理的解释。旧说凤凰全身羽毛的图案都像或者可以解释成文字，首文曰德，翼文曰礼，背文曰义，膺文曰仁，腹文曰信（《山海经》）；或者说"首戴德，颈揭义，背负仁，心入信，翼采义，足履正，尾系武，小音钟，大音鼓"（《韩诗外传》）。凤凰的习性是"食有节，饮有仪，往有文，来有嘉，游必择地，饮不忘下。其鸣，雄曰节节，雌曰足足。晨鸣曰发明，昼鸣曰上朔，夕鸣曰归昌，昏鸣曰固常，夜鸣曰保长。其乐也，徘徊徊徊，雍雍喈喈。唯凤能究万物，通天祉，象百状，达王道，率五音，成九德，备文武，正下国"（见《宋书·符瑞志》，亦见《韩诗外传》）。此外还有不啄活虫，不折生草，不群居，不乱翔，无罗网之难，非梧桐不栖，非竹食不食，饮灵泉，百鸟从之，等等。

凤凰牡丹。慈禧陵神道碑浮雕。

作为百鸟之长的凤凰，自然也难免被神学政治家利用。神学政治家说它是王道仁政的最好体现，是治乱兴衰的晴雨表。古人分出五个等级，以凤凰的五种行止标示政治的清明程度，《韩诗外传》说："得凤之象，一则过之，二则翔之，三则集之，四则春秋下就之，五则没身居之。"至于具体的陈说和记述就更多了。《礼斗威仪》说："君乘土而王，其政太平，则凤集于林苑。"《春秋繁露》说："思及羽虫，则凤凰翔。"《春秋感精符》说："王者上感皇天则凤凰至。"《太平御览》引述《孝经钩命决》说："孝悌之至，通于神明，则凤凰巢。"《史记》也说："四海之内感戴舜功，兴九韶之乐而凤凰翔天下……"

　　凤凰为百鸟之长，群鸟皆从其飞，这与人世的君臣之道吻合，所以古代表示人伦关系的"伦叙图"中以凤凰比喻君臣之道。历来君王、皇家的事物多冠以凤。古代有凤车、凤邸、凤纸、凤盖、凤驾、凤辇等，都是皇家或仙人所用，别人不能僭用。在龙凤文化的发展过程中，龙凤逐渐发生性的分化，与龙之用于男性相对，凤专用于女性。当然，一般来说，它仍只适用

定陵出土的皇后凤冠

于皇家，不为臣属所可僭越。比如凤冠，汉代规制只有太皇太后、皇太后、皇后入庙行礼才可以戴；明清百官补服的补子文官是百鸟纹样，但都没有凤，其意与龙一样，都只为皇家所用。不过，历经演革、僭乱，实际上品官及民间用凤的也不少。比如凤冠，明代九品以上的命妇都用凤冠，平民百姓女儿出嫁的时候也可以借用九品冠服，后来凤冠霞帔便成为嫡妻的例服，只是在礼仪的场合才会用到。

　　古来描摹凤凰形象或者取名冠以凤凰二字的物什极多，如凤髻，或作凤形，或在髻上妆饰金翠凤凰，前者如冯延巳《如梦令》词所说："凤髻不堪重整"，后者如欧阳询《凤楼春》词所说："凤髻绿云丛。"凤钗，钗头作凤形，《中华古今注》说："钗子，盖古笄之遗象也……始皇又〔以〕金银作凤头，以玳瑁为脚，号为凤钗。"凤头鞋，鞋头以凤为饰。最著名的当然是凤冠。凤冠上装饰金银制作的凤凰（以凤首为主），其数不等，少的一个，安在冠的正前方顶部；多者三五个，分别安在冠的几个方向。一般后世平民婚礼也可以借用凤冠，但冠上所饰凤凰的多寡则与皇家有别。凤冠与霞帔除作为传统婚礼的新娘服饰，有隆重其事的意义，也有喜庆、吉祥的意义。

　　凤凰又与一则美丽的古代爱情故事联系着：传说有萧史善吹箫，秦穆公的女儿弄玉爱慕他，遂嫁他为妻，学会了吹箫，能作凤鸣，引来凤凰，后来

吹簫引鳳圖。明代仇英绘。

二人同驾凤凰飞去。这则故事也给凤凰增添了吉祥意义。因此，向来婚联多取龙凤及吹箫引凤的典故为素材，诸如：

> 花色偕车秀，
> 箫声引凤来。

> 翔凤乘龙两姓偶，
> 好花圆月百年春。

在传统图案、纹样中，凤凰的应用极其广泛。这些图案可分两类。第一类，只有凤或以凤为主体的纹图。青铜器有凤纹，造型浑朴雄厚，寓有镇邪辟恶的吉祥意义。此外如：

丹凤朝阳——也叫凤鸣朝阳、朝阳鸣凤、丹山彩凤。为日照梧桐、凤凰的纹图。语出《诗经·大雅·卷阿》："凤凰鸣矣，于彼高岗。梧桐生矣，于彼朝阳。"比喻贤才遇时而起或稀世之瑞。

仪凤图——也叫"百鸟朝王"。为群鸟围着凤凰飞翔的纹图。凤凰飞，群鸟仰慕而跟从的情状，寓意贤者的威德。

凤凰来仪——也叫"有凤来仪"，为凤凰飞翔的纹图。《尚书·益稷》言："箫韶九成，凤凰来仪。"

百鸟朝凤寿桃耳瓶

凤凰于飞——凤凰振翅飞翔的纹图。《诗经·大雅·卷阿》："凤凰于飞，翙翙其羽。"《左传》庄公二十二年记载："初，懿氏卜妻敬仲。其妻占之曰：吉，是谓凤凰于飞，和鸣锵锵。"《注》解释说：凤凰"雄雌俱飞，相和而鸣锵锵然，犹敬仲夫妻相随适齐，有声誉"。后世用来比喻夫妻和谐。

第二类是与其他吉祥物配合成纹图，诸如：

龙凤呈祥——龙飞凤舞或龙凤合抱的纹图。

凤麟呈祥——凤与麒麟合抱的纹图。

麒　麟

　　麒麟是传说中的仁兽。正因是传说中的走兽，故而古时关于麒麟形象的描绘极多。普通的说法是：麒为雄，麟为雌，麋身，马足，牛尾，一角，角端有肉。《说文》说："麒，仁兽也，麋身牛尾，一角；麟，牝麒也。"《汉书·武帝纪》颜师古《注》说："麟，麋身牛尾，狼头，一角，黄色，圆蹄，一角，角端有肉。"就是说，麒麟身体的不同部分像不同的动物，仿佛是合成的。

《诗经·麟之趾》诗意图

麒麟的出身也不平凡，《春秋运斗枢》说"机星散则得麟生"，《春秋保乾图》称"岁星散为麟"。纬书中一贯如此"编排"各种动植物，诚属无稽之谈，大可不必在意。麒麟作为仁兽，与神学政治关系密切。对此，古代典籍中有径直阐说者，或正说，如《毛诗义疏》："王者至仁则出。"《太平御览》引《春秋感精符》："王者不刳胎、不破卵，则出于郊。"又："王者德化，旁流四表，则麒麟臻其囿。"或反说，如《礼记·礼运》："天不爱其道，地不爱其宝，人不爱其情，故麒麟在郊薮。"有陈述先朝史事以警策者，如《尚书》："黄帝时，麒麟在囿。"这些，都不过在借用麒麟"仁兽"的特征，劝诱王者讲仁道、行仁政而已。

麟吐玉书。慈禧陵神道碑浮雕。

关于麒麟的品德，古来的记述也十分详尽，其中心不外乎仁。西凉武昭王《麒麟颂》说："一角圆蹄，行中规矩，游必择地，翔而后处，不蹈陷阱，不罹罗罟。"《宋书·符瑞志》说："含仁而戴义，不饮洿池，不入坑阱，不行罗网。"讲的最全面的要算《说苑》："含仁怀义，音中律吕，行步中规，折旋中矩，择土而后践，位平然后处，不群居，不旅行，纷兮其质文也，幽间循循如也。"总之，是一副仁厚君子的谦谦风度，而且不乏聪敏，既不会投入罗网，也不会掉进陷阱。此外，麒麟的特性还有：为"毛虫之长"（《征祥记》），"毛虫三百六十而麟为之长"（《大戴礼记》），"寿千岁"（《抱朴子》）。

以上各种说法固然是麒麟成为吉祥物不可或缺的方面，但更重要的因素则是源自"麒麟送子"这一民俗事项。旧时，麒麟送子的主题既见于图画、

明代官吏的麒麟袍

吉祥话，也见于岁时活动，表现方式非常广泛。其用意在于祈求、祝颂早生贵子、子孙贤德。这一民俗事项的源头可以追溯到孔子。孔子与麒麟颇有缘分。孔子生活的年代，"礼乐征伐自诸侯出"，礼崩乐坏，社会动荡不安。传说麒麟出现在郊野，被人残害，孔子喟叹麒麟"出非其时"，所编写的《春秋》也就此绝笔，所以《春秋》别称"麟经"、"麟史"。又传说孔子出生之前，有麒麟在他家院子里口吐玉书，说他是王侯的种子，却生不逢时（"水精之子孙，衰周而素王"），只能做素王（有德而无位之王），这就是所谓的"麟吐玉书"（事见《拾遗记》等）。从此，便有了称赞人家孩子的美称"麒麟儿"，或称"麟子"、"麟儿"。如《陈书·徐陵传》："时宝志上人者，世称其有道。陵年数岁，家人携以候之，宝志手摩其顶，曰'天上石麒麟也'。"杜甫诗《徐卿二子歌》说："君不见徐卿二子生奇绝，感应吉梦相追随，孔子释氏亲抱送，并是天上麒麟儿。"汉代时，汉武帝在未央宫建有麒麟阁，在壁上图绘功臣肖像，这自然也将麒麟与才俊之士联系了起来。稍后，又有"天仙送子"的传说，麒麟由原来的直接象征有出息的子孙，转化为可以向其求子嗣的送子灵兽。于是，麒麟送子的民俗事项便诞生了。后世，麒麟因这两方面的意义而被奉为吉祥物，应用十分广泛。

首先，人们以麒麟比喻仁厚贤德的子孙。汉语中除"麒麟儿"等称呼外，还有"麒子凤雏"，比喻贵族子孙。又有"麟趾"，语出《诗经·周南·麟之趾》："麟之趾，振振公子，于嗟麟兮。"是说周文王的子孙知礼行善，后用来祝颂子孙贤惠。旧时常用"麟趾呈祥"作为结婚喜联的横额，祝颂生育仁厚的后代。又有婚联：

友以瑟友以琴梅花香度桃花暖，
麟之趾麟之定仙人信付玉人来。

又有贺生子联：

> 石麟果是真麟趾，
> 雏凤清于老凤声。

小孩长命锁有用金银打制成麒麟状的，寄寓"麟子"之意。又有玉琢的麒麟，既是珍宝，也表达了这一层吉祥意义。以金石铸锻雕凿麒麟，也是如此，故宫慈宁门前便有一尊鎏金麒麟。唐代官服有一种麒麟袍，绣有麒麟的图形。《旧唐书·舆服志》记载："延载（武则天年号）元年五月，则天内出绯紫单罗铭襟背衫，赐文武三品以上。左右监门将军等饰以对师子，左右卫饰以麒麟。"清代一品武官的补子绣的是麒麟，可知麒麟的地位仅次于龙，为"毛虫之长"。

麒麟送子版画

至于"麒麟送子"，就图案而言，可以分成繁、简两种。繁复的，有的以童子为中心，戴长命锁，持莲抱笙；有的是童子骑麒麟，有的在麟角挂书；有的是童子背后有一群仕女护送，仕女张伞持扇。简单的是童子骑麒麟，手持莲花。这种图案多见于结婚、寝室用品，也用于祝贺孩子出生的装饰品，建筑上的应用也很为常见。麒麟送子版画是旧时最常见的年画之一，有的画上还印有对联，联语为"天上麟麟儿，人间状元郎"。在民间岁时活动中，还有"麒麟送子"的活报剧。据胡朴安《中华全国风俗志》记载，近代湖南长沙就有这种习俗：新正之月，每当耍龙灯的来到某户人家，这家人额外加送礼物，舞龙的人们就会将龙围绕不孕妇女舞一圈，然后将龙身缩短，上边骑一个小孩，在堂前绕行一周，表示麒麟送子。

虎

台湾小说家萧丽红在长篇小说《千江有水千江月》中写道：

（女主人公贞观的三妗对她）接下道：

等你大了，你才不想肖虎呢，虎是特别生肖，遇着家中嫁娶大事，都要避开……

这里谈到了虎这种属相以及相关的俗信。在我国，关于虎的俗信不少。考察缘由，可以知道这些文化意蕴首先源自虎的自然属性。

虎是活食性的食肉动物，是山林中的猛兽，向来被称为"百兽之王"、"百兽之长"。《说文》说："虎，山兽之君也。"《风俗通》说："虎为阳物，百兽之长也。"虎的威猛、有力被人类所歆羡，所以常常被用来象征、比喻各种人事。古来这一类的辞令很多，而且都是人们所喜闻乐见的。"虎将"比喻

百虎图（局部）。
民国张择绘。

将军英武善战，"虎子"比喻儿子雄健奋发，"虎士"、"虎夫"、"虎贲（虎奔）"比喻英雄好汉。威武雄壮的步伐叫"虎步"，睥睨雄视叫"虎视"，形势雄威叫"虎踞"，奋发有为叫"虎啸风生"。古时候，"虎符"、"虎节"是调兵遣将的信物、兵权的象征；在民间，百姓称儿女为"虎娃"、"虎妞"，又有"虎头虎脑"的说法，比喻其结实健壮。此外，文人创造了一种特殊的书体"虎爪书"，医家发明了一种健身术"虎戏"。时至今日，有的画家偏爱画虎，以其虎画而蜚声中外；有的书家工写榜书虎字，以此而独擅胜场。

自然，作为百兽之王的虎必定被神仙家、神学政治家所利用。关于它的由来，纬书《春秋运斗枢》说"枢星散而为虎"；关于它的吉祥瑞应，《宋书·符瑞志》说："白虎，王者不暴虐，则白

虎字碑。位于河北邯郸丛台碑林。

虎仁，不害物。"白虎被古人视作"五灵"之一，也叫"玉虎"。《抱朴子》说："虎及鹿兔皆寿千岁，满五百岁者其色皆白。"白虎不仅是王者不暴虐的休应，也与圣人的出现有关，《河图握矩记》说："今訾野中有玉虎，晨鸣雷声，圣人感期而兴。"此外，古来有"大人虎变"、"君子豹变"的说法，《易经》革卦说："大人虎变，其文炳也。"《易传》对此解释说："损益前王，创制立法，有文章之美，焕然可观，有似虎变，其文彪炳。"后来常用这两个词比喻大人物行止屈伸深不可测，就像虎身上的花纹一样斑驳多彩。吉祥图案有"大人虎变"，为山林猛虎的纹图，常见于画稿、什器、衣料等。

民间视虎为神兽，借用它的威猛勇武来镇崇辟邪、保佑安宁，由此而衍化出许多习俗。《风俗通》说："虎……能噬食鬼魅……亦辟恶。"又说："上古之时，有神荼虞（一作郁垒）兄弟二人，性能执鬼，度朔山上桃树下简阅百鬼，百鬼无理，忘与人祸，神荼与虞缚以苇索执以食虎。"于是，后人常

21

大人虎变

用装饰桃人、垂挂苇索、在门上画虎的方法来辟邪驱祟。端午节戴艾虎辟邪的习俗在我国已经有千年以上的历史。艾虎或者以艾编成，或者用绢纸剪成虎形，再黏上艾叶。端午节还有在小孩额头上用雄黄画"王"字的习俗，其用意也在于借虎辟邪。在中原地区，虎的形象常见于日常生活与礼仪生活。陕西关中地区，姑娘的陪嫁品中必有一对特大的面老虎，还有给新娘挂面虎的习俗。此外还有虎头鞋、虎头帽、虎头枕等。由于虎花纹斑斓，额头的纹路好像"王"字，所以民俗物品中虎的形象也往往是额头装饰王字，俗称"虎头王"。虎也是镇墓之兽，古墓前往往雕刻有石虎。

除镇崇辟邪之外，虎还有益于妇女怀孕、子孙升官。《太平御览》引述《龙鱼河图》说："悬文虎鼻门上，宜官子孙、带印绶。悬虎鼻门中，周一年，取烧作屑，与妇饮之，二月中便有儿，生贵子。"这当然是些迷信的说法。另外，过去还有"虎媒"的传说，讲述了一则美丽动人的婚恋故事，也给虎平添了几分吉祥意义。据唐人小说记载：唐代乾元初年，吏部尚书张镐把女儿德容许给了裴冕的儿子越客，相约来年成婚，不料尚书被贬，怀疑女婿来年未必赴约。到迎娶那天，得知越客正在赴约途中，但很难赶来。忽然来了一只猛虎，把姑娘衔走，径直送到了越客旅居之处，二人遂得成婚。后来贵州、陕西一带民间往往建筑"虎媒祠"来纪念这件事，也祝愿有情人终成眷属。

虎头鞋。民间手工艺品。

豹

　　豹与虎一样，同为山林中的猛兽，汉语中常常是虎豹合称。从生物学的角度看，虎豹也有相似之处。《说文》说："豹，似虎，环文。"豹因其斑纹的不同而被分成多种，《正字通》说："白面，毛赤黄，文黑如钱圈，中五圈左右各四者，曰金钱豹，宜为裘；如艾叶者，曰艾叶豹，次之；色不赤、毛无文者，曰土豹；《山海经》记有玄豹，黑文多也；《诗》载有赤豹，尾赤纹黑也；又西域有金线豹，文如金线。"

　　与虎相比，豹的地位虽然要低一些，但也是百兽中的佼佼者。豹的体势瘦劲矫健，也威猛英武。同时，豹纹绚丽多彩，美轮美奂。古时候有所谓"豹尾"，是橘红色布上画豹纹而成的一种旌幡。这种旌幡一般用在仪仗上，如豹尾枪、豹尾幡。宋代，凡任命节度使，都要配给门旗两面，龙虎旗各一面，旌一面，节一支，麾枪一柄，豹尾两支。清代仪制规定，豹尾枪由侍卫执持，这种侍卫叫"豹尾班侍卫"，随从在皇帝之后。另一种是悬在车辇之前，这种车叫"豹尾车"，是皇帝属车的最后一辆。汉代蔡邕在其所著《独断》中说："古者诸侯二者九乘。秦灭六国，兼其车服，故大驾属车八十一乘也，法驾半之，尚书御史乘之。最后一车悬豹尾。"显然，这里的豹尾是爵禄、荣誉的象征。《世说新语》注引述《晋阳秋》说："（东晋）明帝伐王敦，（沈）充率众就王舍，谓其妻曰：'男儿不建豹尾，不复归矣！'"明清两代，文武百官有补服（也叫补褂），前胸后背缀有方形的

战国狩猎纹镜，上绘双武士和双豹。

清代三品武官补服补子

"补子",上面用金绣或彩丝绣图案徽识,作为标志品级的徽饰;一般文官绣飞禽,武官绣走兽,明代三四品武官绣虎豹,清代三品武官绣豹。

豹虽然是啸吼搏击的猛兽,但也不乏韬略。古代兵书《六韬》中有"豹韬"八篇,后人因此而称用兵之术为"豹韬"、"豹略",庾信的《从驾观讲武》诗就说:"豹略推金胜,龙图揖所长。"豹韬的具体内容如何且不必细究,古时的"豹隐"却颇能透露出其间的信息。《列女传·陶答妻子》说:"妾闻南山有玄豹,雾雨七日而不下食者,何也?欲以泽其毛而成文章也,故藏而远害。犬彘不择食以肥其身,生而须死尔。"这里所谓的豹隐,颇与传统社会重内敛、不张扬的为人处世之道吻合,故而也就被视作君子风范。俗语所说的"君子豹变",或者就与此有关。此语源自《易经》的革卦:"君子豹变,其文蔚也。"《易传》解释说:"亦润色鸿业,如豹之蔚缛,故曰君子豹变也。"后世用"君子豹变"比喻润色事业,或迁善去恶。

豹的形象也多被用于实物、图文。吉祥图案有"君子豹变",单绘豹的纹图,见于画稿、文具、什器等。又有"豹脚纹",多见于建筑,或者雕镂,或者彩饰。古瓷有"豹头枕",唐三彩中就有。俗说这种枕头可以辟邪,唐代张鷟的《朝野佥载》说:"逆韦之妹,冯太和之妻,号七姨,信邪,见豹头枕以辟邪,白泽枕以去魅,作伏熊枕以为宜男。"

君子豹变。传统吉祥图案。

狮

虎被称作百兽之王，狮子也有百兽之王的美称。从古籍记载可知，狮子远比虎豹凶猛。狮又名狻猊、狻麑。《尔雅》说："狻麑……食虎豹。"《宋书》说："外国有狮子，威服百兽。"这里的外国，明确说就是西域，这说明狮子并不是我国的原产。也许是狮子出自西域的缘故，因而较少玄秘的光环。不过，狮因其在百兽中的崇高地位，当然要被借来象征人世的权势、富贵。旧时，宫殿衙署门外两旁大多蹲有石狮，卷发巨眼，张吻施爪，俗称"石狮子"。皇家宫殿前也有安置铜狮的，如故宫太和门前有铜狮，乾清门前有鎏金铜狮。门旁蹲狮多为一对，左边为雌，脚下踏小狮；右边为雄，右脚踩绣球。这类石狮最初用于镇宅驱邪，后来成为皇家、官府威势的一种象征。明清补服的补子绣有狮子，是二品武官的标志（高于虎豹）。

"狮"旧时也写作"师"，因此民众又以"狮"谐"师"之音，表达吉祥意愿。古代官制有太师、少师。太师是三公之一，少师是三孤之一，都是指导、辅弼天子理政临民的高官。太师、少师居三公、三孤之首，官位最为显赫。因此，人们常用他们来祝福官运亨通、飞黄腾达。表现在图绘上，有"太师少师"图，是大、小两只狮子的纹图。又有"双狮戏绣图"，民间俗称"狮子滚绣球"，也表示喜庆、吉祥的意思。俗传雌雄二狮互相嬉戏时，它们

故宫乾清门前的鎏金铜狮

的毛缠在一起，滚而成球，小狮子便从其中产出。这里的绣球也是吉祥之物，它的各种变形图称"绣球锦"、"绣球纹"，广泛应用于衣料、建筑、家具、什器等方面。民间又有狮子舞，过去也叫"五方狮子舞"，是年节及其他岁时活动的重要节目之一。一般是缀结或彩饰狮子外套，人居其中，模仿狮子行走坐卧、俯仰跳跃。狮子外套中的人或为二（体大，也叫太师）、或为一（体小，也叫少师）。又有人手执绣球引逗、戏弄。而且经过长期发展，形成了粗犷豪宕的北狮子与秀媚柔款的南狮子。这种狮舞，今天仍然活跃在国内以及海外华人的节日或其他喜庆活动中，还被搬上了杂技舞台。

舞狮图。明代周臣绘。

太师少师帽筒。民国瓷器。

狮既然凶悍异常，具有比虎更大的
威慑力量，当然也就可以驱辟邪祟。古
代陵墓雕刻（镇墓兽与石象生）常有狮
子，用以镇墓，也标示墓主的身份、地
位。普通人家门前安置石狮，用意也在
于此。此外，河南某地人家堂屋的八仙
桌上摆泥塑石狮一对，用于镇宅；绍兴
古桥的两端各蹲一对石狮，用以镇水防
灾。卢沟桥上石刻狮子固然是精美无匹
的艺术品，或许也有镇压水患的意义。

此外，狮还在佛教文化中占有一定
的地位，这也给它增添了神圣、吉祥的
意义。佛教经籍喻释迦牟尼佛为狮，《大
智度论》说："佛为人中狮子"，《释氏要
览》引述《治禅经后序》说："天竺大乘

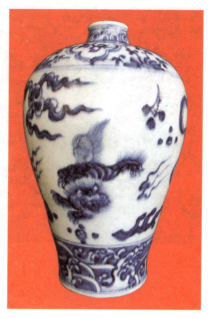

明代三狮滚绣球纹梅瓶

沙门佛陀斯那天才特技，诸国独步，内外综博，无籍不练，世人咸曰人中狮
子。"（俗世也常用狮子比喻出类拔萃的人。）佛所坐卧称"狮子座"、"狮子

狮子床。民国木器。

27

狮子补

床"。宋代时，僧人在重阳节举行的法会叫"狮子会"。还有"狮子吼"，在俗世是比喻悍妻的怒詈；佛教却比喻佛主讲经，声震世界。《维摩经·佛国品》说："演法无畏，犹狮子吼。其所讲说，乃如雷震。"经常陪侍在佛之左右的文殊菩萨以狮子为坐骑，文殊菩萨又称"妙德"、"妙吉祥"（意译而来），是智慧的象征。

象

象是大型哺乳动物，力大无比，却性情温顺。它的形体比较特别，古人曾予指出："象之为兽，形体特诡，身倍数牛，目不逾豨，鼻为口役……"这是说象的身体比牛都大好几倍，眼睛却比猪还小，嘴吃东西靠鼻子帮忙，看上去头部倒像是尾部。象的门牙突出，其长无比，是名贵的手工艺材料。象的其他部分也都具有很高的实用价值。《尔雅·释地》说："南方之美者，有梁山之犀象焉。"具体来说："犀象二兽，皮、角、牙、骨，材料之美者也。"

我国远古多象，中原地区即有象野生及驯养。只是后来因为气候剧变，导致象的生存圈南移，我国的象才逐渐少了。物以稀为贵，象由此便被视作吉祥嘉瑞，并与神学政治联系起来。《春秋运斗枢》说："摇光之星散为象。"《宋书·符瑞志》说："白象者，人君自养有节则至。"相传古代圣王舜、禹去世之后，象为耕田，鸟为耘地，《论衡》说："舜葬于苍梧，象为之耕；禹葬于会稽，鸟为之田。"这都是说象只有时逢明君圣主才会出来，

云冈石窟浮雕：骑象菩萨。

并且为其服务。相传古时候又有"象舆"，也叫"山车"、"象车"。古人对这种车的解说有两种，其一说是象驾之车，《韩非子·十过》说："驾象车而六蛟龙"；其二说是一种象征太平盛世的瑞应物，《宋书·符瑞志》说："象车者，山之精也，王者德泽流洽四境则出。"显然，这二者是有所关联的。总之，不管象耕还是象舆，都是君主贤明、政清民和、天下太平的吉祥瑞应。

由于象在我国本来就极为珍贵，而牙是象身上最为贵重的部分，所以备受人们珍爱，并成为富贵与地位的象征。古时候，朝臣的手板（笏）只有一到五品才能用象牙制作，其余都用木制。象箸、象栉、象环、象簟也多是显贵人家之物，不为贫民百姓所有。此外，以象牙装饰的象床、象觚、象管等也都为名贵之物。古时候又有"象筵"之称，指豪华的筵席，南朝颜延之《皇太子释奠会作》诗有句云："堂设象筵，庭宿金悬。"由此，象便平添了几分吉祥富贵气。

此外，象本身还有一些可贵的品格。它温和柔顺、安详端庄。《南州异物志》说：象"驯良承教，听言则跪……

白象彩灯。苏州手工艺品。

服重致远，行如丘徒。"陆龟蒙《象耕鸟耘辨》说："兽之形魁者无出于象，行必端，履必深。"这些特点也都是与太平盛世、高尚操行相和谐的。这样，象由于其价值上的珍贵、品格上的优良以及诸多瑞应象征，从而成为民众的

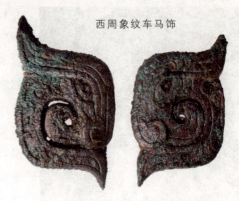
西周象纹车马饰

吉祥物。人们视象、尤其是白象的存在为吉祥瑞应，更将它图绘于物什，表达祈盼太平盛世、清和气象的心愿。象的纹图最早多见于钟、鼎等彝器，商周青铜器纹饰有"象纹"，后来则应用于画稿、家具、什器、建筑等中。其图案如：

吉祥——小孩骑象的纹图（"骑象"谐音"吉祥"）。

太平有象

吉祥如意——童子（或仕女）骑象、手持如意的纹图。

太平有象——象背驮花瓶的纹图……花瓶、香炉的左右耳环有做成象的眼鼻形状的，也叫"太平有象"。又有象尊，是一种贵重的酒器，出土的此种酒器多为全雕象形、凿背为尊者。

象尊。商代文物。
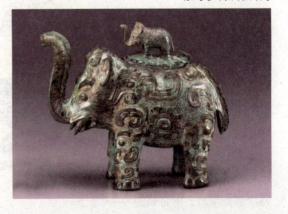

鹿

鹿和象一样，形体也比较奇特，四肢细长，牡鹿生有枝状的角。鹿的实用价值很高，皮可以缝衣铺床，毛可以制笔，鹿茸更是名贵的中药材。在古代，鹿皮制品与隐士有着不解之缘，鹿衣、鹿帻、鹿皮冠都为隐士所用，这大约是隐士与鹿同为山居野处的缘故。然而，鹿作为吉祥物，更多地则是与尘世的君臣百姓相关联。

鹿。陕西民间剪纸。

厦门市白鹿洞泥塑白鹿

首先，鹿是帝王之位的象征，"逐鹿中原"、"鹿死谁手"两个成语都以鹿比喻帝王之位。《汉书·蒯通传》说："秦失其鹿，天下共逐之。"这里，以鹿比喻帝位。《晋书·石勒载记》也说："（石）勒笑曰：'朕若逢高皇（刘邦），当北面而事之，与韩（信）、彭（越）竞鞭而争先耳。脱遇光武（刘秀），当并驱于中原，未知鹿死谁手。'"显然，这是以日常的畋猎比喻政治上的角逐。与此同时，鹿也被纳入神学政

31

清白玉松鹿佩

治的范畴之中，成为社会政治的吉祥标志。《春秋运斗枢》说："瑶光散而为鹿。"《礼斗威仪》说："君乘水而王，其政和平，北海输白鹿。"《宋书·符瑞志》说："白鹿，王者明惠及下则至。"《瑞应图》也说："天鹿者，能寿之兽，五色光辉，王者孝道则至。"又说："王者承先圣法度，无所遗失，则白鹿来。"此外，《后汉书》还记载了白鹿随驾，主人后来升官的兆验。

鹿是我国常见的动物，历史悠久，《诗经》中就曾多次提及。它有一个别名，叫"斑龙"，足见人们对其宝爱的程度。古人察知鹿性善惊，故以"鹿惊"借喻为惶恐失措之状。此外，鹿"食则相呼，行则同旅，居则环角向外以防害"（《花镜》），具有群居的特点。人们将这种习性推广到人际关系，用鹿比喻宾朋，以"鹿鸣"作为宴会宾客的音乐。《诗经·小雅·鹿鸣》说："呦呦鹿鸣，食野之

鹿鹤同春长命锁

苹。"《诗序》解释说："'鹿鸣'，燕群臣嘉宾也。"古时有所谓"鹿鸣宴"，便是如此。

据传，鹿是长寿的仙兽，神仙怪异一类的书有很多相关的记载。《抱朴子》说："鹿寿千岁，满五百岁则其色白。"《述异记》也说："鹿一千年为苍鹿，又五百年化为白鹿，又五百年化为玄鹿。"既然鹿是长寿之兽，食其肉也就应该能使人长寿，故有"玄鹿为脯，食之寿二千岁"的说法（《述异记》）。同时，人们又把鹿作为长寿的象征，在多种场合用来表达祝寿、祈寿的主题。在传统祝寿画中，鹿经常与寿星为伴，祝福长寿。寿联中当然也少不了鹿。

鹿因谐音而表达的吉祥意义最为广泛。首先，鹿音谐"禄"，在吉祥图案中常用鹿来表示禄（福气或俸禄的意思，是民间"五福"的一种）：一百头鹿的纹图称"百禄"，鹿和蝙蝠在一起的纹图称"福禄双全"或"福禄长久"，鹿和福、寿二字搭配叫"福禄寿"。其次，鹿音谐"路"，如两只鹿的纹图称"路路顺利"。再次，鹿音谐"陆"（六），如鹿与鹤的纹图叫"六合同春"或"鹿鹤同春"，祝贺新春，祝福青春常在。

六合同春。传统吉祥图案。

33

馬

　　馬是人類較早馴養的動物之一，但它不同於牛、羊、豬、狗等等，僅僅
滿足於人類的生產、生活。在農耕社會，馬固然也被用作力役畜，免不了拉

昭陵六駿郵票

犁驾车，但它更显赫的作用，则是作为战马，或作坐骑，或驾战车，辅助人们战斗。在冷兵器的时代，除了人和兵刃之外，马几乎就是战争中克敌制胜的利器。这也是无怪乎古来的君主、战将视宝马如生命，宝爱之至了。

古来的君主、战将爱马，给我们的历史和文化涂了一抹鲜亮的色彩。汉唐的两位有为君主，都是爱马至极的。汉武帝刘彻爱马，并无更多个人色彩，而主要为了征战，尤其是对遥远的匈奴和西域诸国，非良马不能取胜。因此，当有人得到乌孙马时，他名之以"天马"；当贰师将军李广利得到更骏健的大宛马时，则把乌孙马改名为"西极"，又把天马的名号给了大宛马。而这种大宛马据说从前肩髆渗出的汗就如同血一般，所以又被称作汗血马。与汉武帝相比较，唐太宗李世民的爱马，就有了相当的个人色彩。相传他有六匹骏马：拳毛䯄、什伐赤、白蹄乌、特勒骠、飒露紫、青骓。他曾命人为这些马画像，并亲自写了《六马图赞》。他去世后，这六匹骏马的石雕像被立在他的陵墓之前，后世称之为昭陵六骏。而乘马征伐的战将爱马，那就更是不言而喻了。从项羽的乌骓到吕布的赤兔，人与马几乎不可分，形如一体。

无论乌骓、赤兔还是六骏、八骏，马总是以骏健为高，而其中最高的境界又要算是神骏了。大宛马之所以称作天马，就因其神骏。而为了表示马的神骏，人们又创造了"马踏飞燕"的形象，这尊出土于甘肃武威的汉代铜塑，天马行空，足踏飞燕，出人意料，又生动传神。同时，人们又把骏马和龙联系起来。传说中背负河图而出的龙，叫马龙，也称龙马，因为它长得像马，伏羲正是参照也叫"马图"的河图，才画成了八卦。不过，这种玄虚的传说离大众百姓远了点。俗世的人们把骏马称作龙驹，同时又把聪颖的儿童比喻为龙驹，由此找到了更为实在的吉祥寓意。

人们爱马，把马视为吉祥，自然就要表现它。关于雕塑，昭陵六骏、马踏飞燕以及秦陵马俑可为代表。有意思的是，古来还有把金、银铸成马蹄形状的，也是取

铜奔马

八骏图。徐悲鸿绘。

马上平安。传统吉祥图案。

其吉祥之意。《汉书·武帝纪》记载，太始二年，汉武帝下诏把黄金改铸为麟趾、马蹄的形状，颜师古《注》说："武帝欲表祥瑞，故普改铸为麟足马蹄……形制巧妙。"更多的表现是绘画，自古迄今，画马大家代不乏人，如唐之韩干，宋之李公麟，以及现代的徐悲鸿。其中多有画八骏的。八骏，相传是周穆王的八匹良马，但说法不一，《穆天子传》说是赤骥、盗骊、白义、逾轮、山子、渠黄、华骝、绿耳；《拾遗记》说是绝地、翻羽、奔宵、越影、逾辉、超光、腾雾、挟翼。这些骏马图都表现了强健的生命力和奋进向前的精神。也有题吉祥话的，如"马到成功"。传统吉祥图案也有以马为素材的，如：

马上封侯——猴骑在马上的纹图。

马报平安——也称"马上平安"，信使骑马奔驰的纹图。

这里的"马上"，一语双关，既指方位的"马之上"，也指时间的"马上"，颇富意趣。尤其是后者，用在信笺、信封、信插之上，吉祥而又美观。

猴

猴是常见的攀缘类动物，在我国传统文化中也占有一定的位置。"猿啼"与"虎啸"在古诗文中经常并举，对表情达意来说同样重要。尤其是在古典小说《西游记》塑造了美猴王孙悟空之后，猴的文化意蕴更加深厚。然而，作为吉祥物，则几乎仅仅在于猴与"侯"字音的相谐。

封侯挂印石雕

侯是我国古代的爵位之一。《礼记·王制》说："王者之禄爵，公、侯、伯、子、男，凡五等。"自周朝以后，五爵虽有变化，比如汉代只有王、侯二等，明代只有公、侯、伯三等，但历代都有侯爵。人们希望加官封侯，为表达这种心愿，便选择猴作为侯的象征。这种情形多见于吉祥图案，如：

封侯挂印——猴向枫（谐"封"）树上挂印的纹图。

马上封侯——猴骑马的纹图。这两种图案多见于古代官府的屏风、照壁之上，也见于画稿、文具、什器、配器等。

此外有所谓"辈辈封侯"图，为母猴背（谐"辈"音）子猴的纹图，多见于画稿、文具和玉雕佩器等。另外，母猴背子的纹图也有伦理人情的寓意。相传猴的母子感情很深，堪为人类的表率。这就更加深了"辈辈封侯"图的意义。

马上封侯。传统吉祥图案。

37

兔

　　兔是一种玲珑柔顺的动物。它最初虽为野生，但与人类的生活却有着相当密切的关系。有关兔的成语典故很多，最著名的要算源自《韩非子》的"守株待兔"，此外还有兔死狗烹、兔死狐悲、得兔忘蹄等等。在民间信仰里，有关兔的俗信也很多，诸如"食兔髌者，令人生髌"（《风俗通》），"妊娠者不食兔肉，令儿口缺"（《博物志》）。孕妇妊娠期间吃兔肉会生豁唇的孩子，几乎是家喻户晓的俗信。

玉兔捣药。汉代画像。

　　从积极的方面来看，兔也有着比较深厚的文化蕴含。首先，它经过神学政治的解说，与时政的治乱联系起来。《春秋运斗枢》讲其由来："玉衡星散而为兔。"《瑞应图》等述其征祥："赤兔者瑞兽，王者盛德则至"，"白兔，王者敬耆老则见"（《宋书·符瑞志》）。《抱朴子》说："兔寿千岁。五百岁其色白。"在这种神学政治的基础上，兔进而被世俗化，与一般人的运遇联系起来。谢承《后汉书》说："儒叔林为东郡太守，赤乌巢于屋梁，兔产于床下。"《隋书》所记更为详尽："华秋，汲郡临河人也。幼丧父，事母以孝闻。家贫，佣赁为养。其母卒，秋发尽脱落，庐于墓侧，负土成坟。有人欲助之者，秋辄拜而

清代花兔纹福字款水杯

双蛇盘兔。山西吕梁民俗剪纸。

止之。大业初调狐皮,郡县大猎,有一兔人逐之,奔入秋庐中,匿秋腋下。猎人至庐,异而兔之。自尔,此兔常宿庐中,驯其左右。郡县嘉其孝感,具以状闻。"这里的兔已经不再那么玄秘莫测,它与人们的品行联系,从而成为普遍的瑞兽,成为普通的祥瑞之征。

我国古代神话传说称月中有白兔,《太平御览》引述晋人傅玄的《拟天问》说:"月中何有?玉兔捣药。"因此,后世也把月亮叫做玉兔、兔轮、兔魂,把月影叫做兔影。唐代元稹《梦上天》诗说:"西瞻若水兔轮低,东望蟠桃海波黑。"……这些,也给兔增添了一些清逸、祥瑞的色彩。

中秋祭兔

兔的吉祥特性最突出地表现在"蛇盘兔"的民俗信仰中。这里的蛇与兔，是就婚配的属相而言的。在我国传统民俗信仰中，有婚配属相相生相克之说，某些属相的人不能婚配，否则将有灾异，比如"白马犯青牛，鸡猴不到头"。有的则定会美满幸福，蛇肖与兔肖就是如此。民众认为，蛇机智、灵动，善于敛财，又俗信以为梦蛇兆财，同时，兔柔顺、温和，善于守财，古时又早有"兔走归窟"之语，兔和蛇是两个最吉利的婚配属相，故而俗语有云："蛇盘兔，必定富。"民间吉祥图案中也有"蛇盘兔"的纹图，应用极广。剪纸有之，字画有之，有的用作窗花，有的则巧妙地组成一个大"福"字，彩绘或雕刻在照壁、屏风上。

羊

羊是普通的家畜，自古便为"六畜"（牛、马、羊、豕、鸡、犬）之一。早在《诗经》中就有关于羊的记载，《诗经·王风·君子于役》说："日之夕矣，羊牛下来。"羊有许多种，如山羊、绵羊、羚羊等。羊肉自古便是公认的美食，据说汉字"美"就是借用羊而创造出来的，俗说所谓"大羊为美"。羊又是古代的祭品，太牢、少牢中都有羊。

普普通通的家畜羊，由于其与人类生活的密切关系，也逐渐被涂上了神秘的色彩。解说其来历者说："千岁之树精为青羊"（《玄中记》），指摘其名称者说："羊，一名美髯须主簿"（《古今注》）。神学政治则称"钟律合调，则玉羊见"（《瑞应图》）。历代正

清代青玉雕羊纹牌

史又都记有所谓"羊祸"，即以羊患瘟疫而大批死亡或有关羊的反常现象附会人事灾变；王充《论衡》又称"獬豸者，一角之羊也。性知有罪，皋陶治狱，其罪疑，乃令羊触之"。进而由玄秘发展为吉祥，又与世俗生活联系起来。它既可以避祸，"悬羊头门上，除盗贼"（《杂五行书》）；又体现人伦之美、寓意吉祥，"凡贽，乡用羔，羔饮之其母必跪，类知礼者。羊之为言祥，故以为贽"（《春秋繁露》）。显然，这里的羊已经被视作吉祥物。不过，羊作为吉祥物还在于另外两个方面。

就文字角度来说，古代"羊"与"祥"通，所谓"羊，祥也"（《说文》）。吉祥多写成"吉羊"，"羊之为言祥"。所以清代史学名家阮元的《积古斋钟鼎彝器款识·汉洗·大吉羊洗》说："大吉羊，宜用。"又卷十《汉元嘉刀铭》说："宜侯王，大吉羊。"汉代瓦当中也有"大吉羊"的字样。古时候有所谓"羊车"，除实指羊拉的小车和佛教的小乘外，又指宫内所乘的小车，也是羊通祥，取吉祥之意。《周礼·考工记》说："羊车二轲。"《注》解释说："羊，善也。善车若今之定张车。"

此外，古时候羊也通"阳"。《史记·孔子世家》说："眼如望

大吉羊背四灵古币

三阳开泰纹瓷器

九阳启泰。传统吉祥图案。

羊"，《释名·释姿容》说："望羊：羊，阳也。言阳气在上，举头高，似若望之然也。"不仅文字上如此，古人还从羊的习性上解释它与阳的相通。《太平御览》引述《新言》说："是月（三月）草木萌，羊能啮草，鸡啄五谷，故悬二物助阳气。"吉祥话语有"三阳开泰"，语出《易经》的"泰"卦："泰，小往大来，吉亨。"正月为泰卦，三阳生于下；冬去春来，阴消阳长，有吉亨之象，多用于岁首祝颂。这句吉祥话表现在图画上，便是三只羊在一起或三只姿态各异的羊仰望太阳的纹图，见于画稿、什器、文具、建筑等，明、清的瓷器画中也多有这样的图案。

蟾蜍

在民间信仰中，常常有些出人意料的事情。比如，本来不那么光鲜的事物，却被当作宝贝，赋予了吉祥的意义。蟾蜍就是如此。

蟾蜍也就是一般所说的癞蛤蟆，也叫蟾诸、蟾蜍。民间有语云："癞蛤蟆想吃天鹅肉——净想好的。"其实，古时候蟾蜍的神异可是远比天鹅要大。

古代神话认为，月亮中有蟾蜍。《淮南子》说："日中有踆乌，月中有蟾蜍。"《后汉书·天文志》刘昭《注》也说："羿请无死之药于西王母，姮娥（即嫦娥）窃之以奔月……姮娥遂托身于月，是为蟾蜍。"是说月中蟾蜍为嫦娥所化。所以，月亮也常被用蟾兔、蟾窟、蟾魄、蟾轮等语来指代，有关月亮的事物也冠之以蟾，如蟾光（月光）、蟾宫（月宫）、蟾桂（蟾宫之桂）、蟾阙（月宫）等。

刘海戏金蟾。清代木雕。

蟾蜍异兽纹鎏金银背铜镜

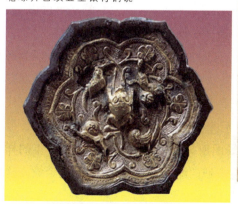

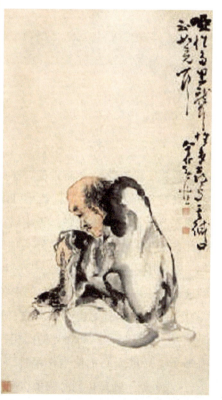

戏蟾图。清代黄慎绘。

刘海撒钱。传统吉祥图案。

旧说蟾蜍有辟兵（规避兵刃）的功能，也有益于长寿。《太平御览》引述《抱朴子》说："蟾蜍寿三千岁。"又说："肉芝者，谓万岁蟾蜍，头上有角，颔下有丹书八字……以五月五日日中时取之，阴干百日，以其足画地即为流水，带其左手于身辟五兵，若敌人射己者，弓弩矢皆反还自向也。"这种端午节取来的蟾蜍真是神异极了，带上它的肢体，不仅任何兵器都伤不到自己，还会让敌人的弓箭返回去射伤敌人。此外，蟾蜍还有与辟兵类似的解缚（解开缚绑）的功用，但也要端午节获得才管用。不过，辟兵、解缚之说玄而难征，恐怕有些不可信；而蟾蜍入药治病的功用，倒是真有几分道理，古籍记载小可以傅疮，大可以治疳病。但各种说法都认为端午节采捕的蟾蜍最好，否则就不中用了（俗谚有"六日蟾蜍乖世用"）。由此，端午节也就增添了另外一项节俗——捕蟾。

蟾蜍中还有一种叫金蟾，是一种三足大蟾蜍，相传是灵物。古人认为得到这种蟾蜍可以致富，所以它的形象寓意财源兴旺、幸福美好。吉祥图案有"刘海戏金蟾"。刘海也叫刘海蟾，据传他本来叫刘操（一说名哲），是五代时的人，担任过燕王刘守光的国相，后来跟随钟离权、吕洞宾学道成仙，号海蟾子。后世人们把他当作福神。纹图所见的刘海蟾是一个蓬发少年的样子，"戏金蟾"则是指刘海蟾手执串连金钱的绳索，像钓鱼一样戏钓金蟾。这个图案也叫"刘海撒钱"。

44

蝙　蝠

　　民间俗传蝙蝠是老鼠变化而成——老鼠吃了盐，就变成了蝙蝠。蝙蝠的头和身子像鼠，所以又有"飞鼠"、"仙鼠"之称。之所以有这种俗信，原因在于蝙蝠形象奇特。按现代动物学分类，蝙蝠为翼手目动物的通称，是具有飞翔能力的哺乳动物。蝙蝠前肢除第一指外都又细又长，指间及前肢与后肢之间有薄而无毛的翼膜，所以能飞翔。此外，蝙蝠的生活习性是昼伏夜出，白天在岩洞里倒吊着睡觉，晚上出来觅食。正是因为蝙蝠形体及其习性的奇特，古人便视其为神异。

　　据传，蝙蝠为长寿之物，所以服食它可以延年益寿。《抱朴子》说："千岁蝙蝠，色如白雪，集则倒悬，脑重故也。此物得而阴干末服之，令人寿万岁。"《太平御览》也引述《水经》说："交州丹水亭下有石穴，甚深，未尝测其远近，穴中蝙蝠大者如鸟，多倒悬，得而服之使人神仙。"

蝙蝠木印

五福捧寿吉庆佩

作为吉祥物的蝙蝠，其生成仅在于一音相谐，即"蝠"与"福"的谐音。由于福是中国人生幸福如意的统称，因而蝙蝠的应用极为广泛。它一般以吉祥图案的形式出现。有的单绘蝙蝠，如：

　　双福——两只蝙蝠相对的纹图。

45

清代福在眼前彩盘

福寿双全。传统吉祥图案。

五福——五只蝙蝠的纹图。更多的当然是与其他吉祥物组合的纹图，诸如：

五福捧寿——圆形篆书寿字居中，四周均匀排列五只蝙蝠的纹图。

五福和合——盒子中飞出五只蝙蝠的纹图。

纳福迎祥——一个童子仰望数只飞翔的蝙蝠，一个童子捉蝠入缸的纹图；又有"钟馗纳福"图，图案为钟馗收纳蝙蝠。

多福多寿——很多蝙蝠和桃（或寿字）的纹图。

福在眼前——蝙蝠和古钱搭配的纹图，或两只蝙蝠拱着古钱，或一只蝙蝠与古钱相对。

福寿双全——这种主题至少有三种组合：一是蝙蝠衔着用绳子穿起来的篆书寿字及两枚古钱的纹图，二是蝙蝠、寿桃和两枚古钱的纹图，三是老寿星和捧桃童子仰望空中飞来蝙蝠的纹图。

翘盼福音——童子仰望飞来蝙蝠的纹图。

平安五福自天来——五只蝙蝠，有的飞翔，有的被童子捕捉入盒（或缸）中的纹图。

总之，以蝙蝠为素材的吉祥图案极多，不胜枚举。这些图案广泛地应用于家具、什器、衣料、建筑、文具、画稿等物。现代的雕刻或立体形贺年卡，也多有用到蝙蝠的形象的。

蝴　蝶

　　蝴蝶是我们常见的一种普通昆虫，也是深受人们喜爱的。就自然特点而言，它彩翼斑斓，飞翔轻盈，又与春光、鲜花同在，完全具备受人重视、被人赋予文化意蕴的条件。

　　彩蝶纷飞与繁花似锦是紧密结合在一起的，所以彩蝶首先被用来描摹春光、表现美景。新年伊始，三阳开泰，草长莺飞，蜂鸣蝶舞，所以人们常把彩蝶写进春联，如：

吉祥如意蝴蝶盘

　　　　年瑞人欢花解语，
　　　　春融蝶舞鸟知音。

　　　　桃红柳绿织出十样锦，
　　　　蝶舞蜂飞引来四季春。

　　蝴蝶被视作吉祥物，途径是谐音取义，即"蝶"与"耋"的谐音。作为吉祥物的蝴蝶，主要见于吉祥图案，因谐音而表示耋的意思。耋泛指年高，特指八十岁。《礼记》说："七十曰耄，八十曰耋，百年曰期颐。"此类吉祥图案有：

　　耄耋富贵——猫、蝶和牡丹的纹图。

富贵耄耋。传统吉祥图案。

47

耄耋富贵瓷瓶

瓜瓞绵绵——瓜和蝴蝶的纹图，见于画稿、家具、什器、衣料、建筑、雕刻上，应用很广。

寿居耄耋——也叫寿登耄耋。为寿石配合菊、蝴蝶和猫组合而成的纹图。

此外，中国四大民间传说之一的"梁祝"故事中有化蝶的情节，表现了人间的至爱、至美；同时，蝶恋花也正符合夫妇之义，所以蝴蝶、鲜花也是祝颂夫妇和美的好素材。

化蝶雕塑，取自梁祝化蝶的传说。

蜘　蛛

蜘蛛是一种节肢类小动物。它的特点是吐丝结网，用来捕食小飞虫。蜘蛛的这种自然习性就像蜜蜂、燕子的营巢一样，受到人类极大的关注。古人盛赞小小蜘蛛的智谋，也因蛛网而产生许多联想。据传，楚国的龚舍随从楚王，住宿在未央宫，见有红色的蜘蛛四面结网，有虫触网，欲退不能而死。龚舍感叹曰："吾生亦如是矣。仕宦者，人之罗网也，岂可淹岁（虚度时光）！"于是辞官告归，当时的人说龚舍是蜘蛛之

镂蜘蛛纹坠

隐。此外，据说蜘蛛还有别的用途，比如："取蜘蛛置瓮中，食以膏，百日，煞以涂布而雨不能濡（浸透）也"（《万毕术》），是说用蜘蛛涂布可以隔雨；"取蜘蛛二七枚，纳瓮中，合肪百日，以涂足，得行水上。故曰'蜘蛛涂足，不用桥梁'"（《万毕术》），是说蜘蛛可以避水。

在民间，蜘蛛又有许多别名，诸如壁钱、喜子、喜田、亲客等。据记载，唐代人们多在墙上画蜘蛛，称为"壁钱"。喜子

喜从天降挂饰

又称蟢子，是蜘蛛的一种。《尔雅·释虫》："蟏蛸，长踦。"《注》解释说："小蜘蛛长脚者，俗呼为喜子。"俗传蜘蛛附着在人的衣服上，预兆着亲戚等客人要来，所以有些地方的人也把它叫做"亲客"。晋人陆玑的《毛诗草木鸟兽鱼虫疏》说："蟏蛸长踦，一名长脚，荆州河内人谓之喜母，此虫来著人衣，当有亲客至，有喜也。"从以上介绍可知，古人认为蜘蛛出现是喜事的征兆，因而蜘蛛又有"喜蛛"之称。关于蜘蛛兆喜，还有一则民间传说：有一对母子久别不见，有一天母亲忽然看见衣服上有蜘蛛，就说她的儿子要回来了。不几天，儿子果然回家，母子欣喜拥抱，互诉亲情。从此，蜘蛛就与喜事联系起来。

蜘蛛兆喜的俗信最晚在汉代就已经形成。据《西京杂记》记载，樊哙对陆贾说："古帝王人君皆受命于天，云有瑞应，岂然乎？"陆贾回答说："有之夫，目瞤得酒食，火花得钱财，乾鹊噪行人至，蜘蛛集百事喜。"《广五行

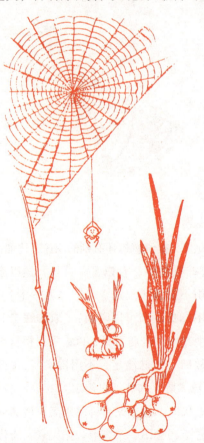

天中集瑞。传统吉祥图案。

记》也说："蜘蛛集于军中及人家，有喜事。"兆喜之外，蜘蛛还可以兆巧。其应用主要是七夕节的蛛网乞巧，就是取蜘蛛放在一个小盒子里，第二天看是否结网、结网多少等，以测验智巧。唐人徐坚的《初学记》引用《荆楚岁时记》谈到了这种俗信在岁时活动中的运用："七夕，妇人……陈瓜果于庭中以乞巧，有喜子网于瓜上，则以为得。"

蜘蛛兆喜的俗信在文艺作品中颇多应用，如《西厢记》五本二折说："疑怪这噪花枝灵鹊儿，垂帘幕喜蛛儿，正应着短檠上夜来灯爆时。"这里，一连串举了喜鹊、喜蛛、灯花三种预兆喜事的吉祥物。蜘蛛也是吉祥图案的素材，如"喜从天降"，为网上呆悬着蜘蛛的纹图；又如"天中集瑞"（或称"天中瑞结黄金果"），为蜘蛛吊垂巢下，其下有枇杷、蒜、樱桃及菖蒲的纹图。

鹤

　　在我国传统文化中，高洁是人们所最为推崇的品格之一，尤其是士大夫及文人阶层。因此，植物中的梅、飞禽中的鹤等，就受到了格外的青睐。

　　鹤是涉禽类鹤科动物，有丹顶鹤、灰鹤、蓑羽鹤等多种，在我国向来被视作羽族之长（凤凰不过是虚拟的飞禽）。《花镜》说："鹤，一名仙鸟，羽族之长也。有白、有黄、有玄，亦有灰苍色者。但世所尚皆白鹤。"作为吉祥物，鹤的文化意蕴是多方面的。

　　鹤是羽族之长，被称为"一品鸟"。吉祥图案有"一品当朝"、"一品高升"，前者为鹤立潮（谐"朝"）头岩石的纹图，后者为鹤在云中飞翔的纹图，"一品"均指鹤。又有"指日高升"，为日出时仙鹤飞翔的纹图。明清官服的补子纹样，文官一品均为仙鹤。总之，在传统的花鸟文化中，鹤是"一人之下、万人之上"，地位仅次于"凤"（皇后），而居人臣之极。

　　鹤之所以成为一品鸟，当然有其突出之处。关于鹤的德性，古籍颇多记载。《花镜》直陈：鹤"行必依洲渚，止必集林上。雌雄相随，如道士步斗，履其迹则孕。又雄鸣上风，雌

仙鹤。慈禧墓神道碑浮雕。

一品当朝纹古币

鸣下风，以声交而孕。尝以夜半鸣，声唳九霄，音闻数里。有时雌雄对舞，翱翔上下，宛转跳跃可观。"《相鹤经》则对这些特性加以解说："鹤者阳鸟也，而游于阳。因金气、依火精以自养，金数九，火数七，故七年小变，十六年大变，百六十年变止，千六百年形定。体尚洁，故其色白；声闻天，故其头赤；食于水，故其喙长；轩于前，故后指短；栖于陆，故足高而尾凋；翔于云，故毛丰而肉疏；大喉以吐，故修颈以纳新。"总之，鹤行规步矩，俨然君子；不淫不欲，纯洁受胎；鸣声嘹亮，堪比才俊。这些，都是鹤被视为一品鸟的原因。同时，古时候鹤又被用来比喻贤能之士，所以招聘贤士的诏书叫"鹤板"，鹤板上的书体叫"鹤书"或"鹤头书"，修身洁行而有时誉的人称"鹤鸣之士"。与此联系，吉祥图案有"一琴一鹤"，是说为官清廉、不贪不腐。事见沈括《梦溪笔谈》及《宋史》等。《宋史》本传说："赵抃号铁面御史，帅蜀以一琴一鹤自随。"是说赵抃为刚直清廉之士，身居高官，却仅以一琴一鹤为伴。

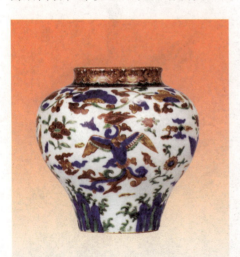
明代五彩凤鹤纹小罐

鹤被伦理化以后，又被用来代表父子之道。《易经·中孚·九二》说："鹤鸣在阴，其子和之。"是说子应父声，推而广之就是绝对服从家长意志。这正符合传统伦理规范的父子之道。旧时有所谓"伦叙图"（也叫五伦图），便是以鹤来表现父子之道的。

俗传鹤又是长寿仙禽。《相鹤经》称其"寿不可量"，《淮南子》说："鹤寿千岁，以极其游。"《花镜》也说："鹤生三年则顶赤，七年羽翮具，十年二时鸣，三十年鸣中律、舞应节。又七年大毛落，毨毛生；或白如雪，黑如漆。一百六十年则变止，千六百年则形定，饮而不食。"在传统观念中，鹤与龟同为长寿之王。所以后世常以"鹤寿"、"鹤龄"、"鹤算"为祝颂长寿之辞。应用于寿联者极多，如：

> 壮志凤飞逸情云上，
> 灵芝献瑞仙鹤同年。

> 霄汉鹏程腾九万，
> 锦堂鹤算颂三千。

有人为表达长寿意愿，以鹤命名，如命名"鹤寿"、"鹤年"、"鹤龄"（同类者如"龟年"、"松龄"等）。同样，鹤也被用于祝寿，除寿联之外，多用于寿画、寿屏或其他什物用品的图绘或雕镂。

鹤为仙鸟，人们说它有仙风道骨。它与道家神仙有着密切的关系。相传仙人多跨（骑）鹤，被称作"鹤驾"、"鹤驭"，后又用来指称神仙、道士。吉祥图案有"群仙献寿"图，为老寿星驾鹤空中飞翔，八仙（或群仙）拱手仰视的纹图，可用于祝寿。传统观念认为人死归天，或上天堂，或赴瑶池，鹤既是仙鸟、又为仙人所乘，所以旧时常称死为"化鹤（鹤化）"、"驾鹤

松梅双鹤图。清代沈铨绘。

53

鹿鹤同春帽筒

归仙（上汉）"等，挽联、挽幛中多有此类辞令，如挽幛：英灵随鹤，鹤驾西天，驾鹤归仙，驾鹤归宿。又如挽联：

> 扫榻飞烟惊化鹤，
> 春帘留月觅归魂。

> 骖鸾腾天驾鹤上汉，
> 飞霜迎节高风送波。

> 沧海慨横流跨鹤空山归山界，
> 少微惊隐曜啼鹃清夜哭先生。

　　鹤在吉祥图案中运用极多，有单用鹤的，如团鹤、双鹤等；更多的则是与其他长寿动植物配合，如与松配合，称谓颇多，诸如"松鹤长春"、"松鹤同春"、"松鹤遐龄"、"鹤寿松龄"，见于画稿、文具、衣料，尤其多见于寝室用品。此外有：与龟配合，叫"龟鹤齐龄"、"龟鹤延年"等；衔桃的纹图，叫"鹤献蟠桃"；与鹿或加桐配合，如"鹿鹤同春"或"六合同春"；与椿配合，也叫"六合同春"，明人杨慎《升庵外集》卷九十四说："北方语合鹤迥然不分，故有绘六鹤及椿树为图者，取六合同春之义。"

鹤寿千年。传统吉祥图案。

孔 雀

孔雀是鹑鸡类雉科飞禽。它自古便被视为珍禽异鸟而加以青睐，其光彩夺目的尾屏更是为人所爱。关于它的形象，《异物志》等早有记载，晚近一些的《花镜》描述更为详细："孔雀

牡丹孔雀图。砖雕。山西王家大院。

孔雀慈禧神道碑浮雕

一名越鸟，文禽也……丹口玄目，细颈隆背，头戴三毛，长有寸许，数十群飞，游栖于冈陵之上……雌者尾短无翡翠，雄者五年尾便可长三尺，自背至尾末，有圆纹五色金翠，相绕如钱。"

古时候，人们多畜养孔雀，以供赏玩。孔雀美丽的羽毛更被人们以各种方式所利用，装点、美化生活。《太平御览》引述《岭南异物志》说："交趾（今越南）人多养孔雀，或遗人以充口腹，或杀之以为脯腊……采其金翠毛装为扇拂，或全株截其

55

玉堂富贵图。清代虞沅绘。

尾以为方物，云生取则金翠之色不减耳。"孔雀羽装成的扇子称孔雀扇，既具扇风的功效，又美丽悦目。截取整个孔雀尾做成的饰物更为珍贵，并且有吉祥意义。清代官员以孔雀花翎为冠饰，有三眼、双眼、单眼之分。清初只赏给受朝廷特恩的贵族大臣，后来赏戴甚滥，但仍然只有五品以上的官员才可以饰用单眼花翎。因而，孔雀花翎成为官阶、权势的象征。后世吉祥图案有在珊瑚瓶中插孔雀花翎的纹图，见于画稿、文具、什器等，称"翎顶辉煌"或"红顶花翎"，取意就在于祝愿官运亨通、加官晋爵。又，古人以孔雀羽毛织裘，称孔雀裘。《齐书》记载："文惠太子长懋制珍玩之物，织孔雀毛为裘，光彩金翠。"传统家具有"孔雀屏"，屏上彩绘孔雀，因此得名。元代张昱《醉题》诗云："清宵酒压杨花梦，细雨灯深孔雀屏。"新婚洞房的喜联有"屏中金孔雀，枕上玉鸳鸯"。此外，孔雀彩纹与金钱豹一样，有如古钱形状，也平添了一层吉祥意义。

　　旧时人们称花纹美丽的孔雀、鸳鸯等为"文禽"，赞美它们翎羽的光彩艳丽。同时，这里的文又有"文雅"、"文明"的含义。比如孔雀，人称其有"九德"，是文明之鸟。"九德"，《逸周书·常训》说是"忠、信、敬、刚、柔、和、固、贞、顺"。具体到孔雀指：一颜貌端正；二声音清澈；三行步翔序；四知时而行；五饮食知节；六常念知足；七不分散；八不淫；九知反复。《太

平经》称孔雀与雁的仪态，可以作为品德的模范，因其"行则有仪，飞则有次，动不失法"。《太平御览》引用《南越志》说："孔雀为鸟，不必匹合，止以音影相接便有孕。"是说孔雀不需交配就能怀孕生雏，以受胎的纯洁抬高其身价。如此大德大贤的孔雀自然被视作吉祥，同时又表征吉祥。过去人们把孔雀的纹图称作"天下文明"，用处极广。明清补子纹样中，明代文官三品为孔雀，清代二三品均为孔雀。吉祥图案又有"位列三台"，是鹤、雉和孔雀在一起的纹图，其中鹤为协台、雉为道台、孔雀为府台的官服纹样。

孔雀开屏图。郎士宁绘。

关于孔雀，还有许多可以述说的。相传孔雀善舞。《晋书》说："孔雀能解人语，弹指应声起舞。"《太平御览》引用杨孝元的《交州异物志》也说："孔雀人指其尾则舞。"又传说孔雀开屏有时（有特定时间，不乱开），所以被视作祥瑞。我国音乐、绘画中都有"孔雀开屏"，以绘其声色，寓意吉祥太平。《唐书》又记载：唐高祖李渊妻子年轻的时候声称，父母因其才貌非凡，为求得贤婿，便在门屏画了两只孔雀，声称有能射中孔雀眼睛的，就把女儿嫁给他。谁知，数十位求婚者无一中的，只有李渊两箭各中一目，终于成就了一门不可多得的姻缘。后世常用"雀屏"比喻择婿。婚联有：

　　　　凤律协归昌缔偶来画眉京兆，
　　　　雀屏欣中选问名是袒腹王郎。

喜　鹊

　　"鹊"俗称"喜鹊"，古时候曾被叫做"神女"。俗传喜鹊为喜鸟。先秦时代，人们认为喜鹊具有感应预兆的神异本领，《易·统卦》称"鹊者阳鸟，先物而动，先事而应"。鹊不喜欢阴湿，天晴则鸣叫，所以被视作阳鸟，又叫"乾鹊"。此外，鹊知太岁星的所在方位，鹊巢的开口总是背着太岁星的。鹊又知风，如果某年风多，它就在较低的树杈上作巢。《淮南子·人间》说："夫鹊先识岁之多风也，去高木而巢扶枝。"同书的《缪称》篇也说"鹊巢知风之所起"，《注》解释说"岁多风则鹊作巢卑"。

　　后来，喜鹊的这种感应预兆的本领进一步发展，逐渐趋于专门化，集中在两个方面。其一是预示客人的到来，如《西京杂记》引用陆贾的话说："乾鹊噪而行人至，蜘蛛集而百事喜。"其二是预示喜事的到来，王仁裕《天宝遗事·灵鹊报喜》说："时人之家，闻鹊声，皆曰喜兆，故谓灵鹊报喜。"又《宋书》记载：徐羡官拜司空时，有两只喜鹊在太极殿的飞檐上鸣叫。此外，民间传说中还有牛郎织女七月七日鹊桥相会的动人故事。《风俗通》说："织

女七夕当渡河，使鹊为桥。"后世称沟通男女姻缘为架鹊桥。现在，喜鹊作为吉祥鸟的意义，就主要体现在报喜和架鹊桥这些方面。

在我国的传统观念中，"喜"表现在许多方面。流传极广的"四喜诗"点出了四件喜事："久旱逢甘雨，他乡遇故知，洞房花烛夜，金榜题名时。"除此而外，获得钱财、家人团圆、亲故来访，都是喜事。我国传统社会人际交往范围小而单纯，戚谊深重，乡亲浓郁，亲戚朋友来访也是一大喜事。因此，预示亲朋到来也就是报喜。喜鹊鸣叫报告客人到来，当然就是报喜了。

"喜鸟"喜鹊在中国文化中打上了许多鲜明的印迹，它那透着喜气的身姿、明丽清亮的鸣叫，随处可见，随处可闻。在春联、新婚喜联里，常以喜鹊渲染喜庆气氛，如春联：

双喜图。北宋崔白绘。

> 红梅吐蕊迎春节，
> 喜鹊登枝唱丰年。

如喜联：

> 金鸡踏桂题婚礼，
> 喜鹊登梅报佳音。

民歌有句云："喜鹊鹊叫唤来报喜，谁不知道妹妹是个大闺女。"（内蒙古"爬山歌"）各地也都有关于喜鹊的俗谚："喜鹊叫，亲人到。"（河南）"喜鹊叫，来报喜，不是来财就是来亲戚。"（山东）一位古代妇女盼夫心切，乍听喜鹊鸣叫，欣喜无比，但就是不见征夫归来，于是吟出了一曲亦怨亦嗔的婉词：

　　　　叵耐灵鹊多漫语，送喜何曾有凭据？几度飞来活捉取，锁上金笼休共语。　　比拟好心来送喜，谁知锁我在金笼里！欲他征夫早归来，腾身却放我向青云里！

喜鹊闹春图。民间剪纸。

以喜鹊为主体或喜鹊与其他吉祥物配合构成的吉祥图案，广泛地应用于画稿、文具、家具、什器等。诸如：

双喜、喜相逢——两只喜鹊相对的纹图。

日日见喜——瓷器的传统装饰纹样。《饮流斋说瓷》指出："绘喜鹊三十只，有一红月，名曰'一月三十喜'，又名'日日见喜'。"

喜在眼前——喜鹊面前有古钱的纹图。

喜上眉梢——喜鹊踏梅梢的纹图。

喜报三元——喜鹊和三个桂圆的纹图。

欢天喜地——天上喜鹊、地下獾的纹图。

欢天喜地。传统吉祥图案。

鸳 鸯

鸳鸯作为夫妻和谐美好、忠贞不渝的象征，几乎是尽人皆知的。人们歆羡鸳鸯的双飞双栖、恩爱无间，因而把夫妇之义寄托在它身上，视其为吉祥。不过，说起鸳鸯的来历，民间还有一则可歌可泣的故事。

据传，两千多年前，晋国大夫洪辅告老还乡，大兴土木，开辟林苑。他从外地请来了年轻的花匠怨哥，为其植花种草。第二年清明节，怨哥正为罗汉松培土，忽听莲池里有人惊呼"救命"，便奋不顾身跃入莲池，救起了洪府千金映妹。洪辅见此情景，诬陷怨哥调戏女儿，将其痛加责打，下入大牢。入夜，映妹来探怨哥，并将五彩宝衣给他穿上。洪辅得知此事，恼羞成怒，剥不下彩衣，将怨哥缚石推入莲池。映妹得知此事，痛不欲生，也跃身入池。第三天清晨，人们看到莲池中出现了两只奇异的鸟儿，雄的五彩缤纷，雌的毛色苍褐，双飞双宿，恩爱无比，知道这是怨哥和映妹的精灵所化。从此，也就有了鸳鸯。这个故事虽然不能科学地解释鸳鸯的由来，却真实地反映了人们以鸳鸯表达美好爱情的意愿。

关于鸳鸯的特性，古来记述颇多。古人把鸳鸯称为匹鸟。《诗经·小雅·鸳鸯》说："鸳鸯于飞，毕之罗之。"《传》解释说："鸳鸯，匹鸟。"崔豹《古今注》说："鸳鸯，水鸟，凫类。雌雄未曾相离，人得其一，则一者相思死，故谓之匹鸟。"据传，鸳鸯形影不离，雄左雌右，飞则同振翅，游则同戏水，栖则连翼交颈而眠。如若丧偶，后者终身不匹。这种特性与传统五伦中的夫妇之义恰合，所以古今多用来比喻夫妇。"五伦图"中便是以鸳鸯指代夫妇的。

五彩荷塘水草鸳鸯纹大盘

61

作为吉祥物，鸳鸯是爱情、婚姻美满的象征，古今运用极其广泛。在古今婚联中，鸳鸯入联可谓数不胜数。诸如：

鸳鸯比翼，
夫妻同心。

鸳鸯相戏水色美，
琴瑟谐弹福音多。

缕结同心日丽屏间孔雀，
莲开并蒂影摇池上鸳鸯。

以鸳鸯为题材的吉祥图案最晚在汉代就已经出现。以鸳鸯为名的织绣品有鸳鸯衾、鸳鸯被、鸳鸯襦、鸳鸯褥等。鸳鸯衾、鸳鸯被是绣有鸳鸯的被子，也指夫妻共寝的被子。明人陶宗仪《辍耕录》记述鸳衾的形制十分详尽："孟蜀主（昶）一锦被，其阔犹今之三幅帛，而一梭织成。被头作二穴，若云板状，盖以叩于项下，如盘领状。两侧余锦则护覆于肩。此谓之鸳衾也。"这位蜀后主孟昶治国的

鸳鸯戏水枕绣。清代绣品。

鸳鸯荷花图。清代任薰绘《花鸟四屏图》之一。

本事没有，近乎玩闹的花样倒不少，这种宽宽大大又有两个窟窿的鸳鸯被倒真新鲜，只恐怕不那么普及。又有鸳绮，是绣鸳鸯纹的锦绣。

此外，鸳鸯的纹图至今仍然广泛应用于结婚用品、梳妆镜、脸盆、枕套、手帕等都有绘这种图案的。又有鸳鸯工艺品，或织绣，或雕镂，或塑造，都是极好的祝吉用品。以鸳鸯为素材的吉祥图案有："鸳鸯贵子"，为鸳鸯和莲花的纹图；又，配合长春

鸳鸯合气。传统吉祥图案。

花，题名"鸳鸯长安"、"鸳鸯长乐"；鸳鸯在荷池中顾盼戏游的纹图，题名"鸳鸯戏荷"，也叫"鸳鸯喜荷"。此类图案用于画稿、家具、什器、衣料、建筑等，妇女用品上尤其常见。

雄 鸡

鸡是普通的家禽。不管雌雄，鸡对人类都是极其有益的，母鸡生蛋，雄鸡打鸣，都作出了自身的贡献。然而，在传统观念、尤其是神学政治观念领域，雄鸡占据着显著的位置，母鸡则不被提及，甚至有所谓"牝鸡司晨，惟家之索"的俗信。

雄鸡与神学政治联系，首先就在身世上显出不凡。《春秋运斗枢》说："玉衡星散为鸡。"《太平御览》也引用《春秋说解》说："鸡为积阳南方之象，火阳精物炎上，故阳出鸡鸣，以类感也。鸡之为言佳也，佳而起为人期，莫宝也。"这就涉及了鸡的特点与德行。《韩诗外传》称鸡有文、武、勇、仁、信五德。《花镜》也说："鸡，一名德禽，一名烛夜，五方皆产，种类甚多……雄能角胜，目能辟邪，其鸣也知时刻，其栖也知阴晴。又具五德：首顶冠，

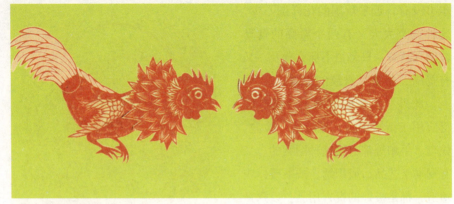

斗鸡。山东墨县民间剪纸。

清代粉彩室上大吉纹盘

文也；足博距，武也；见敌能斗，勇也；遇食呼群，仁也；守夜有时，信也。"

雄鸡作为吉祥物，作用之一是辟邪。《花镜》称其"雄能角胜，目能辟邪"。《太平御览》引用裴玄的《新言》说："正朝（正月初一早晨）县官杀羊悬其头于门，又矵鸡以副之，俗说以厌厉。"《风俗通》也说，除夕"以雄鸡着门上，以和阴阳"。旧时又有人死去或得病时杀公鸡的俗信，俗说"鸡头治蛊"。这种习俗后来发展得趋向于积极祈福，而不仅仅是襄灾避祸。周亮工《书影》说："正月一日，贴画鸡。今都门剪以插首，中州画以悬堂，中州贵人尤好画大鸡于石，元旦张之。盖北地类呼吉为鸡，俗云室上大吉也。"吉祥图案有"室上大吉"，是雄鸡立于石头上的图案，以"石"、"鸡"谐"室"、"吉"，应用于画稿、什器等。

鸡王镇宅。民间年画。

雄鸡的辟邪祈福还与两个时间点有关，一个是正月初一，一个是二月初一。过去，人们把正月初一叫做鸡日，因为鸡是阳物，正月初一也属阳，所以两者就联系在了一起。二月初一与鸡有关，连接点也在于"阳"——二月初一是太阳生日。这一天，鸡的作用是装点太阳糕（也叫太阳鸡糕），这种糕点的用意是祝颂太阳。

雄鸡也是英雄武勇的象征。五德中有武、勇两项，就是证明。《太平御览》引用《梦书》说："鸡为武吏，有冠距也。梦见雄鸡，忧武吏也；众鸡入门，吏所捕也；群斗舍中，惊兵怖也。"《唐书》记载了刘武周的一段故事，也将雄鸡与武勇联系了起来：刘武周之父曾与妻子赵氏夜坐庭中，忽见一物状如雄鸡，流光烛地，飞入赵怀，撩开衣襟却什么也没有。但赵氏由此怀孕，后来生下了刘武周，而刘武周为人骁勇、善于骑射。后世吉祥图案有"英雄斗志"，就是单画鸡的纹图，应用于画稿、什器等。

此外，雄鸡打鸣报时很规律、很准确，所以古时的帝王"以鸡为候"，把鸡当作时间的标准。雄鸡鸡冠高耸、火红，而且"冠"又与"官"谐音，所以也被视为吉祥。吉祥图案"官上加官"，就是雄鸡和鸡冠花的纹图，应用于画稿、家具、什器，用来祝福升迁、腾达。又有"五子登科"图，是一只雄鸡和五只鸡雏嬉戏的纹图，以"窠"谐"科"，祝福金榜高中；这个图案也叫"五子高升"。

官上加官。传统吉祥图案。

燕

　　燕是一种小飞鸟，形象俊俏，飞舞轻盈，尾剪春风，与人友善，很早就为人们所喜爱。久而久之，它也就成为人们心目中的吉祥物，象征春光，比拟情侣。

　　燕，古称玄鸟，又名天女（崔豹《古今注》），还有"吉祥鸟"之称。《春秋运斗枢》说"瑶光星散为燕"。《诗经》则记载，商朝的祖先是其母简狄吞食燕卵而生，所谓"天命玄鸟，降而生商"。燕既然有这样的名称、身世以及神话，后世便视其为灵物、祥瑞。燕子巢于檐间或集于殿阁，被认为是人家友善、家道发达的征兆。又据古籍记载，有德之人死丧，往往有群燕飞来，衔土筑坟。

燕子图。瓷板画，近人毕伯涛绘。

　　燕子夏天遍布我国，冬天南迁。就北方而言，燕子往往是冬去春来。燕子翩跹飞舞、优美动人，早在《诗经》里就说："燕燕于飞，差池其羽。"莺歌燕舞、燕剪春风、燕剪柳丝，都是春天的物象。因此，燕是春天的象征，与春光同来，有"春燕"之称。春联常以燕入对，诸如：

春燕剪柳，
喜鹊登梅。

梅香催腊去，
燕翅携春来。

桃红柳绿锦绣江山民作主，
燕舞莺歌旖旎景色节回春。

又有"杏林春燕"图，是杏花和飞燕的
纹图，常被用来祝颂科举高中。明清时代，每
年二月进士科考试时，正值杏花开放时节；
殿试中考者，皇帝赐宴，"宴"音谐"燕"，所
以"杏林春燕"寓含着进士及第的意思。此
类图案还有"桃柳赐宴"，是飞燕与桃柳的纹
图。又有"河清海晏"图，绘海棠、荷花和
飞燕，三者都是谐音取义，寓意天下太平。

与鸳鸯一样，燕子也喜欢双飞双栖。《南
史》记载，王整的姐姐十六岁丧夫，族人想
让她改嫁，她割掉耳朵放在盘子中，誓死不
改嫁。她的住所房檐间有燕巢，燕子常常双
飞双去。有一天孤燕独回，这女子很有感触，
就在燕子腿上系了一条彩丝作标志。第二
年，这只燕子果然又来了。女子就此大为感
慨，写了一首诗："昔年无偶去，今春犹独归。
故人恩既重，不忍复双飞。"后世用"燕侣"
及"莺俦"来比喻夫妻和谐。南朝梁昭明太
子萧统《锦带书十二月启·林钟六月》说：
"三千年之独鹤，暂逐鸡群；九万里之孤鹏，
权潜燕侣。"婚联中常以燕为祝颂吉祥的素
材，如"并蒂莲开莲蒂并，双飞燕侣燕双飞"。

燕的种类很多，文化蕴含比较丰富的有
白燕、紫燕。白燕被古人视作神物。《太平御

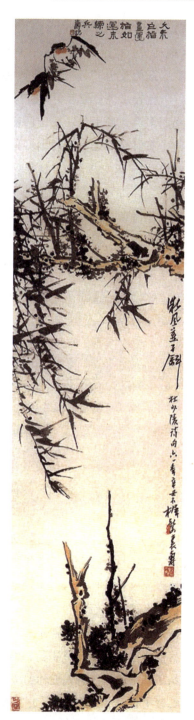

微风燕子图。潘天寿绘。

览》引用京房的《易占》说："见白燕，其君且得贵女。"所以燕又叫"天女"。《抱朴子》也说："千岁燕，户向北，其色白而尾屈，阴干服之，一头得五百岁，此肉芝也。"说得神乎其神，却未足凭信。

比较来说，紫燕更为吉祥。紫燕也叫越燕。《尔雅翼·释鸟》说："越燕小而多声，颔下紫，巢于门楣上，谓之紫燕，亦谓之汉燕。"祝吉、庆贺之语，有时概称燕，有时则专称紫燕。如春联："春风堂上紫燕舞，细雨庭前红梅开。"又如婚联："紫燕双飞珠帘卷，流莺对唱翠幕悬。""交颈鸳鸯并蒂花下立，协翅紫燕连理枝头飞。"

生活在北京的燕子，旧称京燕，包括雨燕、金腰燕、家燕、岩沙燕、毛脚燕等多种。老北京常以京燕的形象制作风筝，而2008年北京奥运会五福娃中的妮妮正是取材于京燕风筝的吉祥物。

鸿　雁

鸿雁与燕子一样，也是一种候鸟。古时候，鸿与雁本来是不同的，但我国古人并不太区分，或者二字合用，或者以一总二。在《诗经》与《周礼》的时代，鸿雁便经常合称。《诗经·小雅·鸿雁》说："鸿雁于飞，肃肃其羽。"《注》解释说："大曰鸿，小曰雁。"《疏》解释说："俱是水鸟，故连言之。其形，鸿大而雁小。"《礼记·月令》也说："东风解冻……鸿雁来。"

鸿雁是最为有名的候鸟，它每年秋分之后飞往南方，次年春分之后北返。鸿雁的这种特性被古人引入文化生活，主要表现在两个方面。其一，以鸿雁指代书信，有所谓"雁帛"、"雁书"、"雁足"等。据史载，汉武帝时苏武出使匈奴，被拘禁后威武不屈，徙居北海牧羊。后来他在雁足上系帛书，告知汉室自己的处境，终于得归故国。由此，后世就将书信与来去有时的鸿雁联系了起来。唐代诗人王勃的《采莲曲》诗有句云："不惜西津交佩解，还羞北海雁书还。"元代戏剧家王实甫《西厢记》也说："自别颜范，鸿稀鳞绝，悲怆不胜。"便都是借鸿雁代表书信。后世书信文字中也多有这样的借喻，同时，信封、信笺也有图绘鸿雁的。用鸿雁和"延年"二字装饰信笺者，称"飞鸿延年"。其二，古时以雁为贽（见面礼）。旧时婚娶的"六礼"除纳征外，礼物都用雁，叫做"奠雁"。《仪礼·士昏礼》的注释说："用雁为贽者，取其顺阴阳往来。"清人胡培翚《仪礼正义》也说："用雁者，取其随时南北，不失其节，明不夺女子之时也；又取飞成行，止成列，明嫁娶之礼，长幼有序，不相逾越也。"

汉代飞鸿延年瓦当拓片

鸿雁的另一个自然特性，是上文提及的"飞成行，止成列"，古语叫做"雁字"、"雁行"、"雁序"、"雁阵"、"鸿序"等。这种自然特性表现在文化上，一方面用来比喻官员的班列，丘迟的《与陈伯之书》说："令功臣名将，雁行有序，佩紫怀黄，赞帷幄之谋；乘轺见节，奉疆场之任。"一方面用来比喻兄弟，《礼记·王制》说："父之齿随行，兄之齿雁行，朋友不相逾。"是说兄弟出行，弟在兄后。后来便用雁行来称呼兄弟，唐代钱起就有"采兰花萼聚，就日雁行联"的诗句。

芦雁图。明代林良绘。

鸿雁来去有时、行止有序，与传统伦理文化中的原则吻合，被赋予丰实的文化内涵，它也就成为吉祥物。此外，"鸿"字有巨大的意思，鸿文、鸿业、鸿裁、鸿恩、鸿图、鸿儒等词汇中的"鸿"，都是这个意思。这无疑也给鸿雁增添了一些正方向的积极意义。此外，唐代科举新进士有题名雁塔之举，后世也用"雁塔题名"为祝颂吉祥之语。

69

鹌鹑

晚清鹌鹑纹罐

清代安居乐业白玉挂饰

鹌鹑是鹑鸡类雷鸟科动物，是一种很不起眼的小鸟。《花镜》说："鹌鹑一名罗鹑，一名早秋，田泽小鸟也。头小尾秃，羽多苍黄色。无斑者为鹌，有斑者为鹑……夜则群飞，昼则草伏，有常匹而无常居，随地而安，故又名鹌鹑。"鹌鹑的特点之一是随地而安，所以"鹑居"一词指居无定所。又，俗语说"秃尾巴鹌鹑"，鹌鹑尾巴秃，衣服破旧叫鹑衣、鹑服，或者形容为鹑衣百结。杜甫诗有："乌几重重缚，鹑衣寸寸针。"骆宾王诗有："鹑服常悲碎，蜗庐未卜安。"民间又有俗谚云："鹌鹑、戏子、猴，不可交朋友。"由此看来，鹌鹑并不是什么"好鸟"。

就其资质来说，鹌鹑几乎无一可取。它的吉祥意义只因鹌鹑的"鹌"与"安"的谐音而来。清代瓷画中有鹌鹑栖止在落叶之上的纹图，以"鹌"谐"安"，以"落叶"谐"乐叶"，称"安居乐业"。这一主题也用鹌鹑、菊花和枫树叶来表示，以"菊"谐"居"，见于画稿、家具、什器。明清文官补子的纹样，明代八品、清代九品，绘的都是鹌鹑。

鹭鸶

鹭鸶是一种水鸟，单称鹭，又名白鹭、白鸟、春锄、属玉。鹭鸶羽毛洁白，脚高、颈长、喙坚。它的头顶、胸背都长着长毛，就像丝，所以叫鹭鸶。《毛诗义疏》说："鹭，水鸟。好白而洁，故谓之白鸟。齐鲁间谓之春锄，辽东乐浪吴杨人皆云白鹭。大小如鹢，脚高尺七八寸，解指，尾如鹰尾，喙长二寸，顶上有毛十数枚，长尺余。"旧时有鹭羽、鹭车、鹭鼓。鹭羽是白鹭做的舞具，《诗经·陈风·宛丘》说："无冬无夏，值其鹭羽。"鹭车车柱末端刻鹭为饰，因此得名，是仪仗中的鼓吹车。鹭鼓又叫建鼓，商代时用翔鹭装饰，故名。鹭鸶飞翔有序，旧时以鹭序比喻百官排班列队的次序。《禽经》说："寮采雝雝，鸿仪鹭序。"在明清补子纹样中，鹭鸶均居第七位，是七品文官的补子纹样。

作为吉祥物，鹭鸶又因"鹭"与"路"谐音，常见于吉祥图案中。清代瓷质瓶、缸之上有"一路连科"图，为一只鹭鸶和莲花、荷叶组成的纹图，三者均用谐音。一路连科是对科举时代应试考生的祝颂之辞，意思是说此行赴考每试必中。此外，鹭鸶和芙蓉花的纹图叫"一路荣华"，鹭鸶和牡丹的纹图叫"一路富贵"，见于画稿、衣料、什器等。清人金埴《不下带编》记载："康熙五十五年六月，圣祖在畅春苑书画扇示内直诸臣、礼寺张英等，命名赋得。画作二白鹭、一青莲花，题曰'路路清廉'云。"此处的"路路清廉"，是祝颂为官清正廉明的吉祥画稿。

荷花鹭鸶图。明代魏学廉绘。

绶 鸟

　　绶鸟也叫吐绶鸟，又名珍珠鸡，通称火鸡。绶鸟因为嘴根有肉绶，能伸能缩，时时变色，故名。《太平御览》引用盛弘之的《荆州记》说："鱼复县有鸟，时吐物长数寸，丹朱彪炳，形色类绶，因名吐绶鸟。"绶就是绶带，是用来系帷幕和印环的。古代常用不同颜色的丝带，标志官吏的身份和等级。《礼记·玉藻》说："天子佩白玉而玄组绶。"《注》解释说："绶者，所以贯佩玉相承受者也。"《后汉书·舆服志》记载："绂佩既废，秦乃以彩组连结于璲，光明表章，转相结受，故谓之绶。汉承秦制，用而弗改，遂加之以双印佩刀之饰。"不仅汉代，也不仅中国，绶带在古今中外都使用过，今天也还在广泛使用，比如选美或其他评奖获奖者就往往要佩绶带。绶带既然是官吏身份、品级以及某种荣誉的标志，也就成为富贵名利的象征，绶鸟也因此而沾染了吉祥意义。

　　又，绶带之"绶"谐长寿之"寿"，谐音取意，绶鸟又被视作长寿象征物，有祝颂长寿的寓意。这主要体现在吉祥图案中，相关图案有：

　　春光长寿——山茶花和绶鸟的纹图。山茶花经冬不凋，生机勃勃，表示春意。见于画稿、衣料、家具、什器等。

　　齐眉祝寿——梅、竹和绶鸟的纹图。

　　天仙拱寿——绶鸟、腊梅、天竹和水仙的纹图。

天仙拱寿。传统吉祥图案。

比翼鸟

比翼鸟我国古代叫鹣鹣。传说这种鸟不比（并列）不飞，《尔雅·释地》说："南方有比翼鸟也，不比不飞，其名谓之鹣鹣。"《山海经》也说："其状如凫而一翼一目，相得乃飞，名曰蛮蛮。"《琅记》卷上引用《博物志余》讲得更为详细："南方有比翼鸟，飞止饮啄，不相分离……死而复生，必在一处。"如此奇异的鸟，古人必然要附会一定的休咎兆验。《山海经》说"见则天下大水"，说比翼鸟的出现预兆洪水滔天，是咎征。此外诸说则多为休应，如《博物志·异鸟》说："见则吉良，乘之寿千岁。"《瑞应图》说："王者德及高远，则比翼鸟至。"如此等等。

既然比翼鸟有"不比不飞"的特点，我国的民众自然要把它取作吉祥物。首先，人们用它来比喻和美的夫妇。白居易有名的《长恨歌》说："在天愿作比翼鸟，在地愿为连理枝。"婚联中以比翼鸟入对的更多，如：

比翼鸟

云路高翔比翼鸟，
龙池涤种并头莲。

海誓山盟同心永结，
天高地阔比翼齐飞。

其次，用比翼鸟比喻亲善的朋友。曹植《送应氏》诗之二说："山川阻且远，别促会日长，愿为比翼鸟，施翮起高翔。"不过，在今天，比翼鸟的后一种用法已经不见，只用于比喻夫妻情侣了。

白头翁

　　白头翁，又叫白头鹎。这种鸟头顶为黑色，眉及枕羽为白色，老鸟枕羽更为洁白，所以有"白头翁"之称。《三国志·诸葛恪传》记载："恪之才捷，皆此类也。"《注》引述《江表传》说："曾有白头鸟集殿前，（孙）权曰：'此何鸟也？'恪曰：'白头翁也。'"诸葛恪是诸葛瑾的儿子、诸葛亮的侄子，学识渊博，所以熟悉白头翁。汉语中白发老人也被叫做"白头翁"。白居易《重阳石上赋白菊》诗云："还似今朝歌酒席，白头翁入少年场。"白头翁与白发老人联系，它就成为鹤发童颜、长寿白头的象征，用来指代长春白头，所以又有"长春鸟"之称。

　　作为飞禽，白头翁是微不足道的，它鸣声单调，栖于田圃、林中，以昆虫、杂草种籽以及浆果为食，仅是一种益鸟而已。但由于其毛色的特点以及其名称与白发长寿等吉祥话的恰合，便被视作吉祥。一般来说，它以图案的形式表达主题，此类图案如：

长春白头——长春花、寿石和白头翁的纹图，应用于画稿、什器、家具、衣料等。尤其是用来祝颂夫妻长寿，所以床头画、幔帐多用。

白头富贵——牡丹和白头翁的纹图，应用极广。寓含夫妇白头到老、生活美满幸福之意，所以结婚用品、床上用具上的应用最多。

堂上双白——桐树枝上落两只白头翁的纹图，寓含夫妻长寿之意。

富贵白头洗。明清瓷器。

鱼

鱼是一类水生动物的总称，品种很多。从狩猎、采集时代开始，人类就与鱼发生了十分密切的关系。在长期的历史发展中，人们形成了一些关于鱼的观念，这种观念以各种方式体现于民俗、艺术等方面。

无疑，人们首先注意到的是鱼的实用价值。从狩猎文明一直到工业文明，鱼都是人们餐桌上的美味佳肴。同时，鱼也活跃在人们的文化生活中。古代有所谓"鱼素"，俗传是以绢帛写信而装在鱼腹中传递的，所以叫"鱼传尺素"。明人王世贞的诗说："忽报江秋鱼

唐代鱼符

连年有余。民国杨柳青年画。

家家得利。传统吉祥图案。

素到，似言山色马曹多。"这种用鱼所传的书信也叫"鱼书"，汉代蔡邕《饮马长城窟行》诗云："客从远方来，遗我双鲤鱼。呼儿烹鲤鱼，中有尺素书。"书信又有"鱼笺"之称。古时又有"鱼符"，也叫"鱼契"，是类似于虎符的信物。隋唐时由朝廷颁发给百官的鱼符，雕木或铸铜成为鱼的形状，上面刻字，割成两片，各执其一，作为凭信。民间灯会有"鱼灯"，为鱼形，三国时魏人殷巨有《鲸鱼灯赋》，又南朝梁元帝《对灯赋》云："本知龙灯应无偶，复讶鱼灯有旧名。"佛寺中僧徒诵经时击打节奏的器物叫"鱼鼓"，俗称"木鱼"。

民众把鱼当成吉祥物，大多是从谐音而来。比如"连年有余"的吉祥图案，是几个爆竹（或其他新年玩具，表示"年"的意思），或童子、莲花和鱼的纹图，鱼谐"余"音，寓意生活富裕美好。又有"双鱼吉庆"纹图，绘有双鱼。这种寓意吉祥的纹图很早就有，汉代铜洗底部绘对鱼，侧面题"大吉羊"三字，所以后世有"晋砖五鹿宜子孙，汉洗双鱼大吉羊"的对联传世。双鱼吉庆图案在结婚用品上应用最广。将鱼鳞交绘成花纹，叫"鱼鳞锦"，常在什器、建筑、衣料等的构图中使用。此外还有一幅图案，是从一句古语演义而来的。古语云："鹬蚌相争，渔翁得利。"吉祥图案"渔翁得利"由此命意，绘渔翁垂钓得鱼的纹图，常用作店铺的饰物及商标等。更有"家家得利"图，为家家买鲤鱼的纹图，也由上述古语衍化而来。

鱼的种类很多，吉庆话、吉祥图案中除一般地提到鱼之外，还专指鲤鱼、金鱼。鲤鱼之"鲤"与"利"谐音，所以上述"渔翁得利"、"家家得利"纹图中的鱼都指鲤鱼。其他纹图如"富贵有余"、"年年有余"、"连年有鱼"中的鱼，也多指鲤鱼。这与鲤鱼的习性不可分割。俗传鲤鱼擅长跳跃，《本草纲目》说："鲤为诸鱼之长，形状可爱，能神变，常飞跃江湖。"故此，古时

鲤鱼跳龙门。杨柳青年画。

候有"鱼化龙"、"鲤鱼跳龙门"的故事。"鱼化龙"为神变传说，可以用作升腾变化的吉祥话，民间也有这种图案。"鲤鱼跳龙门"说的是"鱼化龙"的故事，传说鲤鱼跳过龙门就变成了龙。《三秦记》云："河津一名龙门，水险不通，鱼鳖之属莫能上。海江大鱼薄集龙门下数千，上则为龙，不上者点额暴腮。"就是说，所有水族如跳过龙门都能变化成功，但大部分跳不过去，反倒弄得头肿腮破；鲤鱼却能跳过去（当然也不是全部），从而变化成龙。后世常用"鲤鱼跳龙门"比喻高升，或者祝颂高升、幸运。绘作纹图，多为鲤鱼翻跃波涛、涛中有象征性龙门的图案，在年画、刺绣、剪纸、雕

刻等艺术形式中常被广泛应用。又，鲤鱼产籽多，所以也被用于祝吉求子，成为生育繁衍的象征。汉代铜洗上面常常装饰两条鲤鱼，中间嵌"君宜子孙"四字。浙东婚俗，新娘出轿门时，在地上撒铜钱，叫"鲤鱼撒子"。

金鱼是珍贵观赏鱼种。它锦鳞闪烁，仪态稳重，沉浮自如，翩翩多姿，深为人们所珍爱，被称作"金鳞仙子"、"水中牡丹"，西方人又称之为"东方圣鱼"。观赏鱼中，金鱼是最常见的，它本身就是美好的。此外，金鱼还因谐音而被人们视作吉祥物。金鱼谐音"金玉"，吉祥图案"金玉满堂"就是数尾金鱼的纹图。这种图案十分常见，画稿、什器、衣料、瓷器等均有应用，庆祝生子的礼品如首饰、帽子等常用，清代瓷器上也多有此种纹图。

金玉满堂纹彩盘。清代瓷器。

龟

龟是水生动物的一种，属我
国古代动物分类中的"鳞介"类。
它的生物特点是：腹背都有硬甲，
头尾和四肢能缩入甲内，耐饥渴，
寿命很长。不过，龟在我国的文化
蕴含其内容要远比它的生物特点
丰富，是最大的神物、灵物、吉祥
物之一。宋代诗人陆游认为龟有
"三义"，所以晚年自号龟堂。三义
指贵、闲、寿。龟的吉祥寓意差不
多就是从这三个方面展开的。

金代龟鼎人物故事镜

龟既为灵物，便"其生也不
凡"。《春秋运斗枢》谓"瑶光星散为龟"。上古之时占卜用龟，筮用蓍，合
称"龟筮"。龟之所以为占卜所用，根源在其生物特点。龟背有纹理，称作
"龟文"。相传的"河图洛书"，河
图为龙图，洛书则为"龟书"，也
就是龟背上的纹理。这种纹理蕴含
着神秘莫测的内容，张衡就在《东
京赋》里说："龙图授羲，龟书界
似。"古代占卜时灼烤龟甲，看它
裂开的纹路预测吉凶休咎。又相传
龟的寿命极长，经验丰富，能鉴往
知来，因而被用以占卜。《淮南子》
说："必问吉凶于龟者，以其历岁

故宫太和殿丹陛上的吐烟铜龟

久也。"由此，旧时有"灵龟"之称。

灵龟之灵，不仅在于占卜预兆，还在于它的出处与政治密切相关。《太平御览》说："灵龟者，玄文五色，神灵之精也。上隆法天，下平法地。能见存亡，明于吉凶。王者不偏党、尊耆老则出。"《宋书·符瑞志》也说："灵龟者，神龟也。王者德泽湛清、渔猎山川从时则出。五色鲜明，三百岁游于蕖叶之上，三千岁常游于卷耳之上。知存亡，明于吉凶。禹卑宫室，灵龟见。"在神学政治的浸染之下，龟渐渐成为帝位的象征，与龙靠近；铸龟成为国之重器，与鼎靠近。《后汉书·宦

象牙雕龟鹤纹牌。清代工艺品。

官传序》说："自曹腾（宦官，曹操的先人）说梁冀（外戚，任大司马大将军），竟立昏弱。魏武（曹操）因之，遂迁龟鼎。"《注》解释说："龟鼎，国之重器，以喻帝位也。"这样，龟当然就极其显贵了。

龟被人们视作长寿的象征物，源于它的自然特性。相传龟的寿命大都在百岁以上，所以人们用"龟龄"比喻高龄。鲍照诗《松柏篇》说："龟龄安可护，岱宗限已迫。"百岁之寿，显然只是一般龟的寿数，而神龟、灵龟则远不于此。汉代王充《论衡》说："龟三百岁大如钱，游于华叶上；三千岁则青边有距。"晋代任昉《述异记》说："龟一千年生毛；寿五千岁，谓之神龟；寿万年，曰灵龟。"《水经注》引用《异苑》也说龟千岁则能言。

龟作为吉祥灵物，应用颇广。或以实物出之，或以雕镂出之，或以图像出之，或以文辞出之。除饲养、赏玩外，龟的图像在画稿、文具、家具、什器、建筑中均可见到。古今都有人喂养龟，以供博览、赏玩。《花镜》说："龟乃介中灵物也。故十朋大龟，圣人所取；金钱小龟，博览所尚。"龟的形象也多被雕镂、铸锻。有单铸龟的，北京太和殿前列有龟鹤彝器各两尊，用意是祈求国运久远。有雕镂在其他器物上的，如印章，刻龟形为钮，称"龟钮"；碑座刻作龟形，称"龟趺"。唐代有"龟钮镜"，指铜镜的钮也铸成龟的形状。

79

古人因为龟为长寿象征，所以取名也有用龟的，如"龟年"，是古代颇具典型意义的名字。又用"龟龄"比喻人长寿。或者与"鹤算"结合称"龟龄鹤算"，是祝寿之辞。宋人侯真《水调歌头·为郑子礼提刑寿》词说："坐享龟龄鹤算，稳佩金鱼玉带、常近赫黄袍。"寿联也多取这些词汇，如：

高龄稔许同龟鹤，
瑞世应知有凤毛。

龟鹤齐龄。传统吉祥图案。

吉祥图案有"龟鹤齐龄"，为龟、鹤的纹图，用于画稿、家具、什器、建筑等。

龟在中国文化史上并不总是神圣光彩的，大约从唐宋时代开始，龟也成为骂人之辞。陶宗仪《辍耕录·废家子孙诗》说："宝眷皆为撑目兔，舍人总作缩头龟。"近代文辞中的龟多有取此意而用者。然而，古人对龟"缩"的特性也曾予以正面的积极解释。早在先秦时代，古人以龟蛇为远人避害的吉祥物，绘于旌旗。绘龟的称"龟旒"，《后汉书·舆服志》说："龟旒四游四仞，齐首，以象营室。"龟遇危险，将首尾四肢缩于甲中，称"龟藏六"、"龟藏"，后用来比喻防止过失而不出头。佛教以此为喻，启发僧徒。《阿含经》说："有龟被野干所包，藏六而不出；野干怒而舍去。佛告诸比丘，当如龟藏六，自藏六根，魔不得便。"

藏头龟。山西吕梁民俗剪纸。

二　兰桂齐芳

松

松是数千年来文人墨客所咏赞、图绘的对象，也是历代朝野普遍珍视的吉祥物。关于它的自然特点，《花镜》说："松为百木之长，诸山中皆有之……其质磊砢修耸，多节永年。皮粗如龙鳞，叶细如马鬃，遇霜雪而不凋，历千年而不殒……"这段概括，道出了松的自然特性，也道出了松在我国传统文化中特性的最主要的两个侧面。

在我国传统的植物文化观念中，松被视作"百木之长"。《史记》说："松柏为百木之长也。"后世的《花镜》、《群芳谱》等有关书籍中也都作如是观。松被古人用现实人伦关系作了如此规范以后，轻而易举地又与同样是被现实人伦关系规范着的政治秩序联系起来，被称作"木公"、"大夫"。在"名不正则言不顺"和"训诂"之学非常发达的传统中国，人们从来没有忘记给自己推崇的事物起一个好听的名称，或者是从已有的名称中诠释出一些不平凡的意义来。松就是如此。王安石《字说》如

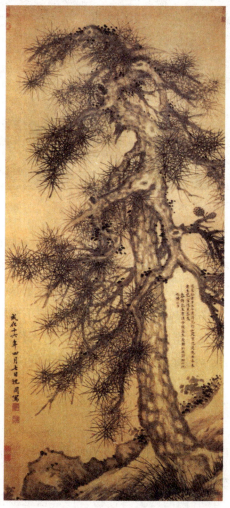

松石图。明代沈周绘。

83

松鹤图。清代华喦绘。

此训释它："松为百木之长，犹公也，故字从公。"又有人分拆松字为十、八、公三个部分，称其为"十八公"。其实，《说文》早就讲过："松，木也，从木公声。古文寀，从木容声。"但这并不妨碍人们一厢情愿地沿着自己所期望的路子走下去。有人为此写赋作传，如元代冯子振写有《十八公赋》，明代洪璐作有《木公传》。有人因此而作文字游戏，含沙射影——据《唐书》记载，有个叫贾嘉隐的七岁神童，被皇上召见，太尉长孙无忌和司空李勣立于朝堂，"李勣戏谓嘉隐曰：'吾所倚者何树？'嘉隐对曰：'松树。'勣曰：'此槐也，何忽言松？'嘉隐曰：'以公配木，则为松树。'无忌连问之：'吾所倚者何树？'嘉隐对曰：'槐树。'无忌曰：'汝不能矫对耶。'嘉隐应声曰：'何矫对？但取以鬼配木耳。'"此外，史载秦始皇有一次下泰山，半路上风雨骤至，只好在大松树下避雨，后来便封这棵松树为"五大夫"（五大夫为秦时爵位的第九级），后人称为"五大夫松"。从此，松也就有了"大夫"的称号，《幼学故事琼林》就说："竹称君子，松号大夫。"

松的另一个特点是凌霜不凋、冬夏常青。其实，松并非不落叶的，只是新陈代谢及时，看上去终年葱郁。对此，早在两千年前孔子就赞叹道："岁寒，然后知松柏之后凋也。"由这种自然特性延伸，松被人视作长青之树，赋予其延年益寿、长青不老的吉祥寓意。进而，松脂、松下所生的茯苓，也被视为长生不死之药。

像我国的许多吉祥物一样，松也被视作体现政清民和的祥瑞，《太平御览》引用纬书《礼斗威仪》说："君乘木而王，其政平，则松为常生。"松也是吉祥的梦兆，一本叫《梦书》的书说："松为人君，见松者，见人君之征也。"松更普遍地是被视作祝颂、祈盼青春永驻、健康长寿的象征物，尤其是被当作祝寿的题材。画一帧"松鹤图"，请人写一幅内容大众化的"福如东海长流水，寿比南山不老松"寿幛，送一个插有松枝的花篮或松石盆栽，都是生辰寿诞的最好礼品。在以松为素材的吉祥图案中，有岁寒三友（松、竹、梅的纹图），松柏同春（松和柏的纹图），松菊延年（也叫"松菊犹存"，松和菊的纹图），仙壶集庆（花瓶中插着松枝、灵芝、梅花、水仙，旁边配合草和萝卜的纹图），等等，广泛应用于画稿、文具、什器等。

民国黄花梨雕松竹梅纹笔筒

岁寒三友图。
宋代赵孟坚绘。

柏

柏与松并称，也是百木之中的佼佼者。王安石《字说》训释柏说："柏犹伯也，故字从白。"伯为公侯伯子男五爵的第三等，松为公，柏为伯，正说明松柏地位的相近。柏还有自己的特异之处，《群芳谱》说：柏，"阴木也。木皆属阳，而柏向阴指西，盖木之有贞德者，故字从白，白西方正色也"。不同流合污，坚贞有节，这是柏的高洁之处。大约正是因为这种刚直不阿的品格，让人们赋予柏以避邪的功效。《风俗通》载：魍象好食死人的肝脑，人们不能常令方相立于墓旁防御，所以"墓上树柏，路头石虎"，因为"魍象畏虎与柏"。《幽明录》也记载说：把柏树截成人体长短，放在床上，可以消灾免祸。《本草纲目》说"元旦以之浸酒辟邪"，民间也有插柏枝避邪的习俗。

柏的种类也比较多，有扁柏、侧柏、花柏、罗汉柏等。与松一样，柏也是有用之材，可作栋梁。同时，柏籽可以入药，柏叶可以烹汤浸酒。由于柏是"与松齐寿"（《花镜》）的长寿之木，所以它的实际功用

黄陵古柏。又称轩辕柏，位于陕西黄陵县的轩辕庙内，相传为黄帝手植，至今已有四千多年历史。

与吉祥寓意也多以延年益寿为主题。关于柏的实际功用，李时珍《本草纲目》说："柏性后凋而耐久，禀坚凝之质，乃多寿之木，所以可入服食。道家以之点汤常饮，元旦以之浸酒辟邪，皆取于此。麝食之而体香，毛女食之而体轻，亦其证验矣。"这里提到的"毛女"，还有一段轶闻，见于《抱朴子》。据说汉成帝时，猎人在终南山下见到一个人，没穿衣服，满身都是黑毛，跳坑越涧，行动如飞。猎人暗中窥视到这人的住处，叫人合围逮住，原来是个女人。经询问，这个女人说自己是秦朝的宫人，秦王朝灭亡后逃进深山，起初饿得慌，后来有一个老翁教她吃松柏的叶子和果实，此后不仅不再饥饿，而且冬不寒、夏不热。经过推算，这个女人到汉成帝时已经三百多岁了。《列仙传》、《仙绎》也都说食柏树籽可以延年益寿、返老还童，"赤须子好食柏实，齿落更生"，"服柏子人长年"。柏树叶可以食用，更可以烹汤、浸酒。柏叶浸酒不仅可以辟邪，也可以延年，《汉官仪》说："正旦饮柏叶酒上寿。"至于柏叶茶，明人高濂在其养生名著《遵生八笺》里讲得细致："柏叶汤可以代茶，夜话饮之尤醒睡。饮茶多则伤人，耗精气，害脾胃；柏叶汤甚有益。"

柏的吉祥寓意源自两个方面。一个方面，是柏的常青特性，表达长寿、长春的祝愿。比如吉祥图案"松柏同春"，就是松和柏在一起的纹图。另一方面，在我国传统观念中，百是极数，极言其多，因而诸多事物冠以百就可以指称其全部，如百事、百兽、百鸟、百川等等。"柏"读音同"百"，谐音取意，便有了另一层含义。在吉祥图案中，常可见到柏与柿的纹图，取意"百事"，再加如意则成为"百事如意"，加大橘子（橘与吉音近）或灵芝（形似如意）成为"百事大吉"，用于画稿、什器等。也有用实物组合表达这一层意思的，《西湖游览志余》就说："杭州习俗，元日签柏枝、柿饼以大橘承之，谓之百事大吉。取柏、柿、大橘与百事大吉同音故也。"

百事如意。传统吉祥图案。

桂

《花镜》说："桂一名梫，一名木樨，一名岩桂。叶对生，丰厚而硬，凌寒不凋。"桂树多生长在南方，有丹桂、金桂、银桂、月桂、八月桂、柳叶桂等多种。其中丹桂、金桂、银桂均以花的颜色（红、黄、白）得名。八月桂在阴历八月开花，民歌有"八月桂花遍地开"之句，因而八月又有"桂月"之称。月桂之名源于神话传说，汉代时的《淮南子》就说："月中有桂树"；唐代段成式的《酉阳杂俎》讲得更具体："旧言月中有桂，有蟾蜍，故异书言月桂高五百丈，下有一人常斫之，树创随合。其人姓吴名刚，西河人，学仙有过，谪令伐树。"明代王象晋的《群芳谱》指出月桂也叫"天竺桂"，所言颇近于事实："天竺桂即今闽粤浙中山桂，台州天竺最多。生子如莲实，或二或三，离离下垂，天竺僧称为'月桂'。其花时常不绝，枝头叶底，依稀数点，亦异种也。"桂花亦称木樨花，香气袭人，是名贵花种。

赏桂图。清代沈燧绘。

把桂树及桂花视作祥瑞的观念
和行为，古已有之。《太平御览》引
述《礼斗威仪》说："君乘金而王，其
政讼平，芳桂常生。"神仙家的著作
和其他典籍把桂当成长生不死之药，
《说文解字》说："桂，江南之木，百
药之长。"道家名著《抱朴子》说："桂
可以葱涕合蒸作水……和服之七年，
能步行水上，长生不死。"桂子、桂

明代犀角雕攀桂树杯

花用作药饵，确有其事，但并无长生不死的效用。桂花茶、桂花酒借桂花的
清香，成为一代名饮，久享盛誉。不过，桂在观念意识中的吉祥寓意，主要
集中在另外三个方面。

其一，人们称科举高中为"月中折桂"、"折月桂"。这种说法源于晋代
的典故。《晋书·郤诜传》记载："郤诜迁雍州刺史，（晋）武帝于东堂会送，
向诜曰：'卿自以为何如？'诜对曰：'臣举贤良对策，为天下第一，犹桂林
之一枝，昆山之片玉。'"后来，人们就称中举为折桂。称中举为折桂，隐含
着及第非易、荣耀至极的意思。

与及第折桂的意思相联系，旧时把人家子孙仕途畅达、尊荣显贵称作
"兰桂齐芳"、"兰桂腾芳"。这里，兰、桂指代子孙。相传五代时燕山人窦禹
钧生有五个儿子，相继成为秀才，当时的大臣冯道赠诗说："燕山窦十郎，教

兰桂齐芳扇面。晚清赵叔孺等绘。

贵寿无极立轴。晚清吴昌硕绘。

燕山五桂纹镜。宋代铜器。

子有义方。灵椿一枝老，丹桂五枝芳。"《三字经》中也提及此事："窦燕山，有义方，教五子，名俱扬。"古典名著《红楼梦》中写到了贾府大厦倾圮的悲壮衰落，也写到了李纨之子贾兰与宝玉之子贾桂的科举高中，正所谓"兰桂齐芳"。

"桂"与"贵"同音，谐音取义，因而桂也就成为象征富贵的吉祥物。在日常生活和礼仪生活中，桂子、桂花常被寄予"贵子"的寓意，如吉祥图案"连生贵子"、"福增贵子"就是莲花和桂花、蝙蝠和桂花的纹图。婚礼撒帐、祝贺婴孩诞辰用桂子，意在祝愿早生贵子、养成贵子。桂除寓意"贵子"之外，也象征一般意义上的富贵。南方民间有给新妇簪桂花的习俗，意在祝福新人荣华富贵。桂花与桃或桃花组合成的纹图，表示"贵寿无极"的意思。

《庄子·逍遥游》曾经说过："上古有大椿者，以八千岁为春，八千岁为秋"，可见椿树很早就被视为长寿之木。正因如此，人们常把"椿年"、"椿龄"作为祝贺长寿之辞。唐代诗人钱起的《柏崖老人》诗说："帝力言何有，椿年喜渐长。"宋代词人柳永的《御街行》词有句："椿龄无尽，萝图有庆，常作乾坤主。"自古以来写到椿的寿联很多，诸如：

　　筵前倾菊醉，堂上祝椿龄。

　　椿树千寻碧，蟠桃几度红。

　　大椿常不老，丛桂最宜秋。

　　鸠杖引年椒花献瑞，鹤筹添算椿树留荫……

正因为椿有年长寿考的特性，所以人们用它来比喻严父。明人王世贞的《艺苑卮言》指出："今人以椿萱拟父母，当是元人传奇起耳。"其实，唐时牟融的《送徐浩》诗就早有此说："知

大椿图。清代俞明绘。

椿萱并茂图。晚清王震绘。

松柏桐椿古币

君此去情偏切，堂上椿萱雪满头。"又据《宋史·窦义传》记载，五代后周的窦禹钧五子相续登科，冯道赠诗有"灵椿一枝老，丹桂五枝芳"之句，也是以椿比喻父亲。此外，"椿庭"也可以代称父亲，相传是由孔鲤趋庭接受父训而来（孔子教子之事见《论语·季氏》）。明人朱权的《金钗记》传奇有云："不幸椿庭殒丧，深赖萱堂训诲成人。"总之，历代此类诗词文句数不胜数。

民间还有许多关于椿的俗信。据说，香椿树开花是比较少见的，遇到它开花时，人们就取来作药；又说椿树花不能沾土，落在地上就会无影无踪，必须到树上去摘。更有趣的是摸椿长高的习俗。在山东鲁西南地区，除夕晚上儿童有摸椿树王的习俗，民众认为孩子在椿树下转几圈就可以增加身高。无独有偶，在河南汝阳，盼望早日长大成人的儿童，初一早上要双手抱着椿树，口里念诵"椿树椿树你为王，你长粗来我长长"的祝吉之语，希望自己在新的一年里万事如意，健康成长。李时珍《本草纲目》说："椿樗易长而多寿考。"上述俗信的根据，大约就在于椿的"易长"的特性。

槐

　　中国民间有句俗语："门前一棵槐，不是招宝，就是进财。"仅此一点，就足以说明槐的吉祥物特性。

　　与其他许多神兽仙草一样，槐也未能逃脱神学政治的浸染。它被认为是"灵星之精"或"虚星之精"，不仅神奇异常，而且有助于怀来远人、决断诉讼。《汉书》说："昭帝建始四年，山阴社中大槐树吏人伐断，其夜复自立如故。"《周礼·秋官》的一条注解说："槐言之怀也，怀来远人于此，欲与之谋。"

　　同时，槐还是公相的象征。早在《周礼·秋官》就指出："朝士掌建邦外朝之法……面三槐，三公位焉。""三公"之称由此而成。后来，宋代时的

唐槐。位于泰山岱庙。

93

槐

一则故事更使这个概念变得有声有色。据《宋史·王旦传》记载："旦父祐，尚书兵部侍郎，以文章显于汉周之际，事太祖、太宗为名臣。尝谕杜重威使无反汉，拒卢多逊害赵普之谋，以百口明符彦卿无罪，世多称其阴德。祐手植三槐于庭，曰：'吾之后世，必有为三公者，此其所以志也。'"世人庭院多种槐，目的就在于讨个吉兆，期冀、祈愿子孙位列三公，如《花镜》所说："人多庭前植之，一取其荫，一取三槐吉兆，期许子孙三公之意。"由于槐树与子孙搭上了联系，民间便有人用它来祈求生子：山东滕县民众旧时把槐树视作祈子的灵物，俗说不孕妇女吃了槐树籽便能"怀子"。

由此再进一步，槐便无所不能，也便有所谓"门前一棵槐，不是招宝，就是进财"之说。

槐叶、槐籽有蔬食与药用价值。《本草纲目》说："槐初生嫩芽，可煤熟水淘过食，亦可作饮代茶，或采槐子种畦中，采苗食之亦良。"这里说的是槐叶、槐苗，可以作药吃，可以作茶饮。此外，槐花还可以染色。不过，功用最为奇妙的是槐籽。《抱朴子》说："此物至补脑，早服之令人发不白而长生。"陶弘景的《本草注》说："服之令脑满发不白而长生。"高濂的《遵生八笺》说："每日吞一枚，百日身轻，千日白发自黑，久服通明。"《名医别录》也说：槐籽"久服明目益气，头不白，延年"。《颜氏家训》还谈到了实例："庾肩吾（庾信）常服槐实，年七十余，目看细字，须发犹黑。"（《梁书》曾记其事）如此宜身强体、延年益寿之物，被人们所珍视，被人们尊为吉祥物，实在是不言而喻的。

红　豆

　　男欢女爱、婚姻美满是人生幸福的重要组成部分，是人们所着力追求的。然而，"人有悲欢离合，月有阴晴圆缺，此事古难全。"不过，无奈的离别也并不是纯然的坏事，别离后的相思往往会使爱情的酒浆更醇。故而古人寄一片深情于红豆，红豆便成为传统的吉祥物。

　　红豆树又名相思木，生于南方。《花镜》说："红豆树出岭南，枝叶似槐，而材可作琵琶槽。"左思《吴都赋》刘渊林的注解说："相思，大树也。材理坚，斜斫之则文，可作器。"关于红豆树的来历，还有一则故事。事情发生于春秋战国时代，梁代任昉的《述异记》记述道："昔战国时，魏国苦秦之难。有以民从征戍秦，久不返，妻思而卒。既葬，冢上生木，枝叶皆向夫所在而倾，因谓之相思木。"传说中，相思树是一位思夫而逝的妇女的坟头长出的，用它寄寓人们的相思之意自然而然。

红豆

　　红豆树的果实为红豆，又称相思子。红豆树"结实似皂角。来春三月，则荚枯子老，内生小豆，鲜红坚实，永久不坏"（《花镜》）。红豆形似豌豆，微

红豆耳环

有些扁，颜色有鲜红和半红半黑两种。半红半黑的又叫"相思子"，唐人李匡义的《资暇集》说："豆有圆有红，其首乌者，举世呼为相思子，即红豆之异名也。"红豆不能食用，却颇贵珍玩。据《花镜》记载，通体皆红的红豆"俗皆用以为吉利之物"，或用来"嵌骰子"，或用来"贮银囊"；半红半黑的相思子，"人多采以为妇人首饰"。红豆既然是爱情与相思的象征物，自然为士人淑女们所看重。运用最妙的莫过于"红豆戒指"。戒指原本是后宫粉黛们是否有身、皇上可否临幸的识别标志，后世则为爱情信物。戒指上镶嵌红豆，以表达倾慕、相思之情，最为恰切。此外，古来红豆入诗入画者也不少见。诗以王维《相思》最为著名，其句云：

> 红豆生南国，春来发几枝。
> 愿君多采撷，此物最相思。

梧　桐

俗话说："栽下梧桐树，引来金凤凰。"把梧桐与凤凰联系在一起，说明梧桐品格的不凡。事实也正如此，梧桐自古就是我国的吉祥物。

梧桐只是桐的一种，桐树除梧桐之外，还有白花桐、紫花桐、油桐、泡桐等。不过，后人提及古时候的桐，都称作梧桐，许多典故、功用也都加之于梧桐。桐的实用价值颇多，白桐、紫桐是上等木材，诚如陈翥《桐谱》所说："桐之材，采伐不时而不蛀虫，渍湿所加而不腐败，风吹日曝而不坼裂，雨溅泥污而不枯藓，干濡相兼而其质不变，梗楠虽寿而其永不敌，与夫上所贵者卓矣。"此外，油桐可以榨桐油，泡桐是优秀的绿化树种。桐又适合于制琴，最早的是所谓"神农黄帝削梧为琴"（《论衡》），《诗经·定之方中》也说："树之榛栗，椅桐梓漆，爰伐琴瑟。"有的典籍指出了最宜制琴的桐树，如"白桐宜琴瑟"，"梧桐生于峄山阳岩石之上，采东南孙枝为琴，声甚清雅"（《风俗通》），"梧桐山石间生者，为乐器则鸣"（《齐民要术》）。《后汉书》还

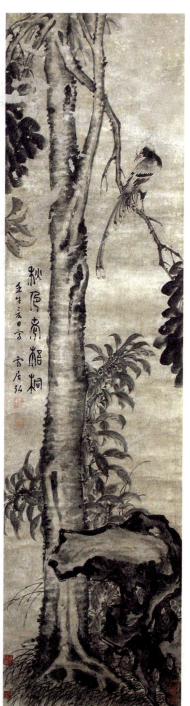

载有蔡伯喈制作"焦尾"名琴的故事："蔡邕泰山行，见爨桐，闻爆声曰：'此良木也'，取而为琴。"这琴就是有名的焦尾琴，琴尾正是这棵梧桐被烧过的部分。

桐在国人传统的观念意识中也占有极其重要的地位。人们视其为"灵树"，它品质不凡："扶桑、梧桐、松柏，皆受气淳矣，异于群类者也"（《太平御览》引《王逸子》）；它的出现是与圣君仁政伴生的："君乘火而王，其政平，梧桐为常生"（《礼斗威仪》），"王者任用贤良，则梧桐生于东厢"（《瑞应图》），相反，"梧桐不生，则九州异主"。梧桐之灵还在于"知岁时"，《花镜》说："此木能知岁时，清明后桐始华（开花）；桐不华，岁必大寒。立秋是何时，至期一叶先坠，故有'梧桐一叶落，天下尽知秋'之句。"唐人李中的诗说："门巷凉秋至，高梧一叶惊。"宋代司马光的《梧桐》诗也说："初闻一叶落，知是九秋来。"《花镜》又说：梧桐"每枝十二叶，一边六叶，从下数一叶为一月，有闰则十三叶。视叶小处，即

凤落梧桐图盘。清代工艺品。

秋色老梧桐。明代孙克弘绘。

97

知闰何月也"。这是说梧桐在有闰月的那年会多长出一片小叶子来，这可真是灵异之极了。

梧桐的另一个特性是能引来凤凰。《诗经·生民之什》说："凤凰鸣矣，于彼高岗。梧桐生矣，于彼朝阳。"郑玄解释说："凤凰之性，非梧桐不栖。"宋人邵博《闻见录》也说："梧桐百鸟不敢栖，止避凤凰也。"凤凰是神鸟、百鸟之王，能引来凤凰栖止的梧桐也便是神异的。

由引凤止栖的特性引申，后世人们赋予梧桐许多吉祥的意义，比如富足、安康等等。婚姻中男方条件好而谋得贤美佳

梧桐喜鹊图。清代高其佩绘。

偶，某地、某单位以优惠待遇招徕人才，经营中企业以优异条件吸引投资，都叫"栽下梧桐树，引来金凤凰"。

梧桐还因"桐"与"同"音同，谐音取意，表达吉祥寓意。如吉祥图案"同喜"，就是梧桐和喜鹊的纹图。

梧桐双兔图

竹

　　竹是一种独特的植物，古人说它"不刚不柔，非草非木"（晋戴凯之《竹谱》）。不过，按现代植物科学分类，竹属于木本植物。在我国，很早就有人歌咏竹，诗骚中多有这样的句子，历代文人士子关于竹的诗词歌赋、轶事佳话更是不胜枚举。同时，竹又与人们的日常生活密切关联，竹材可用来建屋、树篱、制笔、造纸、做家具，竹笋可供蔬食，竹园可资清赏……

　　从自然美的角度看，竹有其特异的审美价值。它亭亭玉立，婆娑有致，清秀素洁，"值霜雪而不凋，历四时而常茂，颇无妖冶，雅俗共赏"（《花镜》）。由此，它被人们普遍地栽植莳艺、把玩欣赏便是十分自然的了。在这种人与物的密切接近过程中，中国式的思维又渐渐赋予竹许多社会美的特质，视其为贤人君子。古人出于崇德慕贤的心理动机，亲切地称竹为"此君"。《晋书·王徽之传》记载了一位十分喜爱竹子的名士，说："徽之性卓荦不羁。时吴中一士大夫家有好竹，欲观之，便出坐舆，造（到）竹下，讽啸良久。主人洒扫请坐，徽之不顾……尝寄居空宅中，便令种竹。或问其故，啸咏指竹曰：'何可一日无此君耶？'"此公可算是真的酷爱"此君"了，后世的苏东坡爱竹也不过如此。

　　关于竹的君子德行和君子风度，古人概括为四个方面，白居易的《养竹记》一文讲得

墨竹图。宋代文同绘。

99

岁寒三友图盘。清代瓷器。

五瑞图轴。清代陆恢绘。

最为详尽："竹似贤,何哉? 竹本固,固以树德,君子见其本,则思善建不拔者。竹性直,直以立身,君子见其性,则思中立不倚者。竹心空,空以体道,君子见其心,则思应用虚受者。竹节贞,贞以立志,君子见其节,则思砥砺名行、夷险一致者。夫如是,故号君子。"竹的这些高尚品节使人们乐与贤者居、见贤思齐,于是"人多树以庭除间",以至于"宁可食无肉,不可居无竹"。同时,以竹的高洁品行为主题构成的吉祥图案也广泛地应用于生活之中,并且不像某些吉祥物那样多见于礼仪生活,而是更普遍地存在于日常生活中,比如:

岁寒三友——松、竹、梅的纹图。

五清图——松、竹、梅、月和水的纹图。

五瑞图——松、竹、萱、兰、寿石。

由于中国传统社会的普遍美德(君子之道)常常只适用于男子,也由于竹的自然风采与传统的理想士人风度的吻合,竹还与梅相连,指称夫妻。用于贺婚的吉祥图案"竹梅双喜"(竹、梅和两只喜鹊的纹图)便是如此。此外如婚联:

霜染竹叶藏青缕，
露滴梅花点黛眉。

提及竹、梅，又化用"青梅竹马"典故的婚联就更多了，如：

昔日同窗竹马青梅谈理想，
今宵合卺高山流水话知音。

青梅竹马男偕女，
海誓山盟女嫁男。

竹的可食部分主要是笋，此外，古籍记载竹实、竹汁也可以食用。《神仙传》说："离娄子服竹汁饵桂得仙。"《韩诗外传》说："黄帝时，凤凰栖帝梧桐，食帝竹实。"这些也都增添了竹的吉祥意义。

竹有多种，晋代戴凯之所撰《竹谱》列有六十一种，宋代僧人赞宁的《笋谱》列有八十五种，其中斑竹（也叫湘妃竹）、慈竹（也叫孝竹、子母竹）都有一定的文化蕴含。此外有天竹，亦称天竺、南天、南天竹，常谐音取意，以天竹之"天"代天地之天，表现吉祥寓意，如绘天竹和南瓜或再加上长春花的纹图，表示"天长地久"、"天地长春"，绘天竹和灵芝表示"天然如意"。

华封三祝图。传统吉祥图案。

竹还谐音"祝"，表示祝颂的意思。吉祥图案"华封三祝"便是竹和其他两种吉祥花草（或两只小鸟）的纹图，竹与两种花草或小鸟合成"三祝"之"三"，竹又谐"祝"之音，吉祥的意义就这样构成了。

合 欢

合欢是豆科合欢属的落叶乔木，叶子的形状像鸟的羽毛，大叶子由许多小叶片合成，小叶片很小，到了夜间会两两相对，自行闭合。合欢因其叶子有夜间闭合的自然特性，产生出许多别名来，如合昏、合婚、夜合等，同时也因此而被赋予一定的文化蕴含。

我国古人早就注意到了合欢叶暮合晨舒的特性，对此多有记载。苏颂等的《图经本草》说：合欢"枝甚柔弱；叶似皂荚槐等，极细而繁密，互相交结，每一风来，辄似相解了，不相牵缀。"这里没有提及交结的时间。

而《花镜》、《群芳谱》则明确提到了时间，前者说："每夜，枝必互相交结，来朝一遇风吹，即自解散。"后者说："叶圆而绿，似槐而小，相对生，至暮而合。"

合欢叶暮合晨舒的特性与夫妇之义恰合，所以很早就渗透到了传统婚姻文化之中。古代婚礼"六礼"中的"纳采"，先秦时候的礼品只用雁，到汉代时，纳采所用的礼品增加到十几种，其中便有合欢或合欢铃。合欢铃也叫合婚铃，取其音声和谐，象征婚姻美满。古时候又有"合欢杯"、"合欢梁"。新婚夫妇结婚所用的杯叫合欢杯，象征合欢偕老。唐代诗人宋之问的诗句有云："莫令银箭晓，为尽合欢杯。"合欢梁是旧时婚

 102 合欢树

俗的一种仪式，据《说郛·戊辰杂钞》记载："女初至门，婿去丈许逆（迎）之，相者授以红绿连之锦，各持一头，然后入，俗谓之通心锦，又谓之合欢梁。言夫妇至此相通如桥梁也。"古时候又有合欢诗，以夫妇声气应和为主题。此外还有合欢被、合欢结、合欢帽、合欢殿，都取合欢的吉祥寓意而命名。合欢更是婚联中常用的题材，通用婚联如：

> 连理枝头腾凤羽，
> 合欢筵上对鸾杯。

洞房婚联如：

> 并蒂花开连理树，
> 新醅酒进合欢杯。

> 花好月圆昔日曾共砚，
> 志同道合今宵庆合欢。

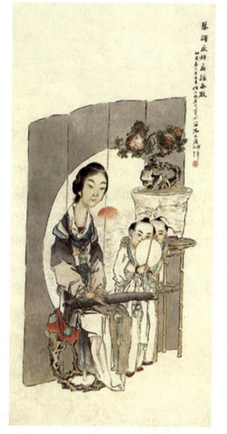

琴扇合欢图。晚清沈心海绘。题有"琴歌永好，扇咏合欢"句。

合欢的羽状复叶颇似马鬃，所以又有"马缨花"之称。此外，合欢还有颇具文化意义的一系列的名称，如青裳、宜身、蠲忿。《花镜》说："合欢，一名蠲忿……能令人消忿。"《群芳谱》说：合欢"一名宜身……使人释忿恨……安和五脏，利心志，令人合欢"。《古今注》也说："欲蠲人忧，则赠以丹棘，丹棘一名忘忧；欲蠲人忿，则赠以青裳，青裳一名合欢，能忘忿。"合欢、蠲忿、宜身是统一的，欢乐忘忿自然有益身心健康。大体来说，蠲忿是就人的精神而言的，庭园栽植合欢，莳艺赏玩，便可以忘却忧忿。所以古人多在近旁栽植合欢，"树之庭阶"，不仅曾有"嵇康种之舍前"（嵇康《养生论》曾说："合欢蠲忿，萱草忘忧"），而且"人家宅第园池间皆宜植之"。宜身是就心而言的，更是就身而言的，《本草经》说："合欢味甜，平生川谷，安五脏，和心气，令人欢乐无忧，久服轻身明目。"

枣

　　在众多果木之中，枣是极其普通的，没有什么神异之处。枣树枝有刺，叶子呈卵形，果实椭圆，可以食用。枣木坚硬，可以作为器具、雕版等的材料。旧时，称枣木、梨木的雕版为"枣梨"，称枣木刻板印刷的书为"枣本"。不过，枣的最大功用还在于果实的实用价值。

　　《群芳谱》说：枣"一名木蜜。皮粗叶小，面深绿色，背微白，发芽迟。五月开小花，淡黄色，花落即结实。生青不堪食，渐大渐白至微见红丝，即堪生啖，熟则纯红，味甚甘甜。"枣不仅可以生吃，也可以做成各种饮品、食品。古人吃枣糕，是一种包枣的面食。汉代崔寔的《四民月令》记载："齐人呼寒食为冷节，以面为蒸饼样，团枣附之，名曰枣糕。"此外还有枣粥、枣饼等，又有枣茶。枣不仅可供疗饥解渴，也有较高的医用价值，"能开胃健脾"（《群芳谱》），"补中益气，久服神仙"（《本草经》）。宋代陶谷的《清异录》总结枣的医用价值说："百益一损者，枣……医氏目枣为'百益红'。"

　　枣与栗合用，被古人用以表示妇人之赞（详见"栗"条）。

早生贵子。传统吉祥图案。

我国北方农家多在院子里栽枣树，一方面是要打枣吃，一方面也是要讨"早"的口彩。"枣"音与"早"同，院中栽枣树意在祈愿"早生子"、"早发财"。此外，枣与栗子（或荔枝）配合的纹图称"早立子"，枣与桂圆组成的纹图称"早生贵子"，多用在婚礼上来祈求子嗣。吉祥图案中表达"早"的意思，也多以枣为素材。新婚"撒帐"用枣、栗子、花生等，意在祝福新婚夫妇"早立子"。

豳风打枣图。清代吴求绘。

栗

栗与枣一样，也是极其普通的果木。《花镜》说：栗"树似栎，而花色青黄，与他花无异。枝间缀花，长二三寸许，有似胡桃。人俟其花时收之，点火风雨不灭。结实如球，外有芒刺，内有栗房，一包三五枚，熟则罅坼子出"。不过，栗的实用价值比较强，古籍中有千株栗树人家富比千户侯的说法。栗子不仅可供食用，也有一定的药用价值。《本草纲目》说："栗厚肠胃，补肾气，令人耐饥。"此外，栗子还可以充作食粮来救荒。据《韩非子》记载："秦大饥，应侯请曰：'五苑之果蔬、枣栗，足以活民，请发之。'"虽然没有提到结果如何，但有人如此建议，肯定不是无稽之谈。

栗的文化蕴含主要表现在三个方面。第一，古时候的人们用栗木做神主（死人的牌位）。《公羊传》说："虞主用桑，练主用栗，用栗者藏主也。"《旧

早立子图。传统吉祥图案。

唐书》也说："谨按典礼，虞主用桑，练主用栗，重作栗主则埋桑主。"虞主是虞祭即服丧期所用的神主，此后则用练主，后来通称宗庙神主为栗主。

第二，栗与枣结合，被古人用来表示妇人之贽（见面礼）。《礼记·曲礼》云："妇人之贽，脯脩枣栗也。"《国语》也说："夫妇贽不过枣栗，以告虔也。"为何要用枣栗为妇人之贽呢？"枣取早起，栗取欲栗，虔敬也。"也就是说，妇人对其丈夫行为上要早起晚睡、侍奉周到，态度上要战战兢兢、恭恭敬敬。此外，《太平御览》引用《韩诗》说："东门之栗，有靖家室。栗，木名，靖善也。"似乎是说栗还有靖家室的功用，有利于家庭和睦。

在广大民众之中，几乎尽人皆知的栗的文化意蕴只不过是由一音之转而来。我国传统社会是以园艺式农业为基础的宗法制社会，人们都认为"多子多福"、"早生儿早得济"，早婚早育成为传统。栗子与"立子"谐音，便被用作祝吉求子的吉祥物。在一些地区，新婚之日新房桌上要放枣、栗、花生、石榴等；有的则是福寿双全的老人将这些果品撒向新人的绞绡帐或屋角，并口诵吉祥话："一把栗子一把枣，小的跟着大的跑。"还有的是新娘怀中揣枣、栗等，等到了新房脱外衣坐帐时撒落——目的都在于祝吉求子。此类吉祥图案也有很多，比如：

立子——栗子的纹图。

早立子——枣和栗子（或荔枝）的纹图。

此外，栗还谐音"利"，表示吉利的意思。这类吉祥图案如：

大吉大利——橘子和栗子组成的纹图。

桃

桃是蔷薇科落叶果木，原产于我国，已有两千多年的栽培历史。在两千多年的历史发展中，桃渐渐成为我国最具文化特色的树木，花、果、木都与人们的生活联系，在民俗观念、宗教观念、审美观念中都占有极其重要的位置。

桃树农历二三月间开花，有"红、白、粉红、深红之殊……烂漫芳菲，其色甚媚"（《群芳谱》），正所谓"桃之夭夭，灼灼其华"。古人常用桃花来比喻美女的娇容，许多与妇女有关的事情或妇女所用物什也都冠以"桃"字。胭脂又叫"桃花粉"，用胭脂淡抹两颊叫"桃花妆"。民间习俗又认为浸了桃花的酒可以赐予女子娇美容颜，相应的，女子种桃也能让桃花格外娇艳。"三月三日，采桃花，浸酒服之，除百病，好颜色"。种桃时"将桃核洗净，令女子艳妆种之，他日花艳而子离核"。桃与女子如此投桃报李、互相作用，这正所谓"人面桃花相映红"。桃花花期在三月，故三月又称"桃月"。俗信认为，桃树不按时发花，则仓库火灾多发。

在中国古代神话中，桃树是逐日的夸父的手杖化成的。《山海经·海

桃花图。清代邹一桂绘。

107

九桃纹盘。清代瓷器。

蟠桃图。清代赵之谦绘。

外北经》记载说："夸父与日逐走，入日，渴欲得饮。饮于河渭，河渭不足，北饮大泽，未至，道渴而死，弃其杖，化为邓林。"邓林也就是桃树林。不过，《春秋运斗枢》又说："玉衡星散为桃。"两说虽有出入，但都指出桃树出身不凡。因此，桃便有些神异。《太平御览》引述《典术》说："桃者，五木之精也，故厌伏邪气者也。桃之精生在鬼门，制百鬼，故今作桃梗著门，以厌邪气。"桃制百鬼、鬼畏桃木的另一种解释是：相传东海渡溯山有棵大桃树，树下有神荼、郁垒二神（即后人所谓"门神"），他们能绑了鬼喂虎。不管如何解说，桃木制鬼辟邪的特点是一致的。古人多用桃木制作各种厌胜之具，诸如桃人、桃印、桃梗、桃板、桃符等。桃人为削桃木而成，桃印是用桃木刻成的大印，桃梗是用桃木雕的木偶，立或挂在门边来驱鬼辟邪。迄今为止，有些地方五月端午和小孩生日，还要在门上挂桃枝来避邪。

桃木制鬼辟邪的特点，最集中地体现于桃符。桃符由桃人、桃印、桃梗发展而来，是在桃木板上画神荼、郁垒二神的像，春节时立在门旁的。南朝梁宗懔的《荆楚岁时记》记载："正月一日……贴画鸡户上，悬苇索于其上，插桃符其旁，百鬼畏之。"五代后蜀时，开始在桃符板上书写联语，后来改为在纸上书写，形成了后代的春联。由此可知，春联这一中国年节文化中的重要组成部分，正是由桃木制鬼的特性衍化、演变而来的。不过，制鬼辟邪的特性不只存在于桃木，也见于桃实。古时候有"桃汤"，用桃煮成，据说挥洒、饮用可以驱邪祈福。《汉书·王莽传》说："又感汉高庙神灵，遣虎贲武士入高庙……桃汤赭鞭，鞭洒屋壁。"《荆楚岁时记》也说："正月一日……长幼悉正衣冠，以次拜贺，进椒柏酒，饮桃汤。"

东方朔偷桃。传统吉祥图案。

桃子俗有"仙桃"、"寿桃"之称，人们认为食用它可以长寿延年。《神农经》说："玉桃服之长生不死。若不得早服之，临死服之，其尸毕天地不朽。"桃子当然以西王母瑶池所栽的蟠桃为上品。传说这种桃三千年开一次花、三千年结一次果，吃一颗这样的桃可以增寿六百年。相传，汉代的滑稽大师东方朔曾三次偷吃此桃，汉武帝则曾得到西王母赠送的四颗蟠桃。后世人们常用桃祝贺寿诞，或用鲜果，或蒸面桃。以桃子为素材的吉祥图案也很多，祝寿的主题大多离不了桃，诸如：

多福多寿——很多蝙蝠和桃的纹图。

福寿双全——蝙蝠、桃和两枚古钱的纹图。

蟠桃献寿——仙人持桃立于桃树下的纹图。

贵寿无极——桂花和桃（或桃花）的纹图。

此外还有"三多"、"华封三祝"、"瑶池集庆"、"东方朔捧桃"，等等。

石 榴

石榴是石榴科的落叶小乔木，又名安石榴、丹若、涂林、金罂、天浆。史载石榴是汉武帝时，张骞出使西域从安石带回来的，所以叫安石榴。但从马王堆汉墓出土的医典中可以得知，早在西汉以前我国就有石榴了。

石榴的花多为橙红色，也有黄色或白色、玛瑙色以及红白相间的。石榴的果实为球形浆果，果皮呈黄褐色或红褐色。皮内种子众多，一般为红色，由薄膜隔为数个房室。就观赏而言，石榴花开如火如霞，光彩夺目，遍染群林。古人吟咏石榴的诗词多称其"丹若"、"涂林"。梁元帝《咏石榴》诗说："涂林应未发，春暮转相催。燃灯疑夜火，连珠胜早梅……"潘岳的《安石榴赋》说："若榴者，天下之奇树，五州之名果也。是以属文之士或叙而赋之。遥而望之，焕若隋珠耀重渊；详而察之，灼若列宿出云间。千房同膜，千子如一，御饥疗渴，解酲止醉。"

作为吉祥物，石榴是多子多福的象征。这主要源自石榴果实的特点，即一个大果子中又有难以计数的小颗粒，而且有薄膜整齐地隔成几部分，古人所谓"千房同膜，千子如一"，是对石榴这种特点的精确概括。早在六朝时代，石榴就被用作生子、多子的祝吉之

榴花双莺图。明代吕纪绘。

物。据《北史》记载，北齐高延宗纳赵郡李祖收的女儿为妃。后来当他临幸李家时，妃子的母亲宋氏赠送了他两个大石榴。高延宗不解其意，众人也都不明白，大臣魏收说："石榴房中多子，王新婚，妃母欲子孙众多。"后世以石榴祝福多子便成为习俗。民间婚嫁之时，常在新房的案头或其他地方放上切开果皮、露出浆果的石榴，也有以石榴互相赠送祝福的。

除以实物的形式出现外，石榴更多地见于纹图。民间的剪纸、年画中有之，文具、画稿、家具、什器等方面亦多见其纹图。以石榴为素材的吉祥图案很多，有的单绘石榴，如"榴开百子"，是切开一角、露出浆果的石榴的纹图。与其他物品组成的图案则更多，如"三多"，是佛手（或蝙蝠）、桃及石榴的纹图，也叫"华封三祝"。总之，大凡表达多子的意思，多取石榴来表达。

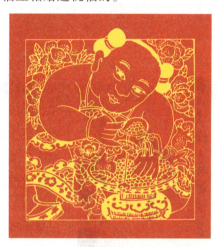

榴开百子。传统吉祥图案。

榴开百子。苏州年画。

荔 枝

荔枝图。齐白石绘。

荔枝是常绿果木，别名有丹荔、离枝、钉坐真人。荔枝原产我国南部，以广东、广西、台湾、福建、四川、云南等地为多。荔枝树干高大，树姿雄伟，晋人嵇康《南方草木状》说："荔枝树，高五六丈，如桂树，绿叶蓬蓬，冬夏荣茂。"具有一定的观赏价值。不过，荔枝的盛名实在是因为它的果实。《群芳谱》说：荔枝"五六月结实，状如初生松球，核如熟莲子，壳有皱纹如罗。生青熟红，肉淡白如肪玉，味甘多汁……性甘微热。止渴，益智，健气"。荔枝是江南名果，果中含有多量的糖分和适度的酸，并有微量的蛋白质、脂肪、矿物质，更

聪明伶俐。传统吉祥图案。

含有多种维生素，营养价值很高。大概是正因如此吧，杨贵妃嗜食荔枝，杜牧以"一骑红尘妃子笑，无人知是荔枝来"（《过华清宫》）记其事。苏轼也说："日啖荔枝三百颗，不辞长作岭南人。"

荔枝不易保存，"若离本枝，一日色变，二日香减，三日味变，四五日外，色香味皆尽矣"（《花镜》）。荔枝不受虫害，"熟时，人未采，百虫不敢近"；不过，"人才采摘，诸鸟蝙蝠之类，群然伤残"（《农政全书》）。荔枝树颇为长寿，"有经四百余年犹能结实者"（《农政全书》引《农桑通诀》）。因此，其树、其果皆被视作吉祥。同时，荔枝还因谐音而出现在吉祥图案中。这种图案可以分为两类，其一，荔枝谐"利子"、"立子"之音，单画荔枝的纹图便可以表达这种情意，或者与枣相配，表示"早立子"。其二，以荔谐"俐"，如荔枝配葱、藕、菱的纹图，题"聪明伶俐"；或菱、荔枝再加灵芝，题"伶俐不如痴"，表示菱和荔枝都是吉祥物，但不如灵芝珍贵，寄寓"聪明伶俐不如痴"的处世哲理。

橘

两千多年前，屈原作《橘颂》来称颂橘树，也比拟自己的质朴坚贞。屈大夫的《橘颂》叙写了橘的形质，歌咏了它的品格，无疑提高了橘的地位。与此同时，还有人从星相征兆的角度解说橘，赋予橘神性。如纬书《春秋运斗枢》说"旋星散为橘"。《广五行记》则记述了一个体现橘的神秘预兆性的故事："陈后主梦黄衣人围城，绕城橘树尽伐去之。及隋兵至，上下通服黄衣，未几为隋攻围之应。"

不过，关于橘，典籍记载而为人熟

年年大吉。传统吉祥图案。

蔷薇芦橘图轴。晚清吴昌硕绘。

知的是另外两个典故。《周礼·考工记》说："橘逾淮而化为枳……此地气然也。"这就是"橘化为枳"的成语的来源，后用来比喻因环境不同而引起的变化。另一则故实见于《史记》、《汉书》的《货殖列传》，说四川、湖南一带人家种橘千株，其富庶与千户侯相差无几。《农政全书》说："夫橘，南方之珍果，味则可口，皮核愈疾，近升盘俎，远备方物。而种之获利又倍焉。其利世益人，故非可与他果同日语也。"这说的又是橘的实用价值和经济效益。

作为吉祥物，橘与上述诸多特点当然有联系，但更重要的则在于橘（也写作"桔"）与"吉"字音的相近。民众谐音取义、以橘喻吉，遂使橘成为吉祥嘉瑞。橘有多种，如红橘、绿橘、金橘、朱砂橘、四季橘等，民众分别取用，祝吉祈福。金橘一名金柑，俗称"金弹子"，是一种名果，史载宋代时只有皇后等人才能食用。同时，金橘又可用来制作盆景欣赏，尤其是在新春佳节在案头放上一盆，不仅可供珍赏，而且象征吉祥如意，预兆一年顺遂。因此，欧阳修的《归田录》说："金橘……香味清美，置之樽俎间，光彩灼烁，如金弹丸，诚珍果也。"耶律楚材的诗中有"品尝春色批金橘"的句子，把金橘和春色联系了起来。此外，民间俗信认为：金橘兆发财；四季橘祝四季平安；朱砂红橘挂在床前，祈"吉星拱照"。又据胡朴安《中华全国风俗志》记载，浙江杭州人"元旦日……签柏枝于柿饼，以大橘承之，谓之百事大吉"。明人田汝成的笔记《西湖游览志余》对此早有记载，可知这种习俗至少传承了一千多年。橘当然也被用作吉祥图案的素材，应用在画稿、什器等实用生活的事物上。有关图案有：

大吉——大橘子的纹图。

事事大吉——柿子和大橘子在一起的纹图。

百事大吉——百合根（或柏树）、柿子及大橘子的纹图。

佛 手

佛手是一种果实，俗称佛手柑，是枸橼的变种。它的形体很有特点，状如人手，前部开裂，分散开来，就像手指，后部则像手掌，因此被叫做佛手。佛手的色泽、香气都甚佳，有一定的实用价值。《花镜》说："其皮生绿熟黄，色若橙而光泽，内肉白而无子，虽味短而香味最久，置之室内箧中，其香不散。南人以此雕镂花鸟，作蜜饯果食甚佳。"

佛手形象奇特，既可爱又神异，颇能打动人们信仰和审美的心理。它因名称、产地（原产印度）而在人们的观念中与佛陀联系了起来，佛手相助自然诸事顺遂、吉祥如意。吉祥图案"学仙学佛"为水仙和佛手的纹图，就是以佛手比喻佛。

佛手还因"佛"与"福"的谐音，被取作吉祥物，用来祝福、祈福。旧时有祝颂辞"三多"，指多福、多寿、多男子。三多也被称作"华封三祝"，事见《庄子·天地篇》：古代圣王尧游览华地，那里的人说："嘻！圣人，请祝圣人，使圣人寿！……使圣人富！……使圣人多男子！"后世用三种果品祝福三多，这三种果品便是食之长寿的桃、子多的石榴以及佛手。此外还有"三多九如"的吉祥图案，是佛手、桃、石榴再加九个如意的纹图。

佛手图。宋代赵令穰绘。

枸　杞

　　枸杞是茄科的落叶灌木。它有许多别名，一类是从读音上衍生的，如枸檵、枸棘；一类则由它的特点、功效命名的，如地仙、地骨、却老、仙人杖、西王母杖等。

　　枸杞的枝干纤细而曲折，不能作木材用，但历年经久，"其茎大而坚直者，可作杖"。这种杖便叫做仙人杖或西王母杖。黄庭坚的《显圣寺枸杞》诗说："养成九节杖，特献西王母。"苏轼的《小圃枸杞》也说："仙人可许我，借杖扶衰疾。"

　　枸杞具有很高的药用价值，花叶根果都可以入药，所谓"根茎与花实，收拾无弃物"（苏轼《小圃枸杞》诗）。《本草经》说："服之坚筋骨，轻身耐老。"《群芳谱》也说：枸杞"花叶根实并用，益精补气不足，悦颜色，坚筋骨，黑须发，耐寒暑，明目安神，轻身不老"。枸杞"地仙"、"地骨"、"却老"等别名，大约就是由此着眼而来的。古人认为枸杞有"阴兴阳起"的功效，现代科学测定枸杞含有枸杞硷，是一种强壮剂。人们以枸杞干果入药、熬膏、酿酒，有助滋补，对高血压、糖尿病有一定疗效。枸杞叶晒干可以代茶饮用。刘禹锡诗曰："上品一枝甘露味，还知一勺可延龄。"

　　由于以上药用价值，枸杞向来被人们视作延年益寿的吉祥物。旧时，往往杞菊并称，寿诗、寿联、寿幛中常可见到此类词语。又有"杞菊延年"的吉祥图案，也是枸杞和菊配合的纹图。

杞菊延年立轴。晚清金梦石绘。

梅

　　要问中国历史上哪一种花木最为人物所钟情，那恐要说是梅了。现在人们推选国花，呼声最高的也仍然是梅花。可以说，梅已经成为一种中华民族品格的自然体现。

　　梅是蔷薇科落叶果木。梅的果实有一定的实用价值，不仅可以生食，也可制成皮梅、话梅、梅干等多种蜜饯，还有收敛止痢、解热镇咳的功用。不过，梅在中国的四千年栽培史上，仅仅只在汉代以前采果来作调味品，其后则均以它的观赏价值为重。梅花发源于四川，此外，广东大庾岭的罗浮山、杭州西湖孤山、苏州邓尉山、无锡梅园、武昌东湖的梅岭，是我国的赏梅胜地。

　　梅有极高的观赏价值，古今文人雅士喜欢栽植，或作盆景，或作庭木。《花镜》说："梅为天下尤物，无论智愚、贤不肖，莫不慕其香韵而称其清高。古名园名刹，取横斜疏瘦与老干枯株，以为点缀。"单只是在宋代，就有两位爱梅如痴的文人。宋伯仁，画家，有《梅花喜神谱》二卷，共绘梅花百图，神态不同，都有标目，又分别配有五言绝句一首。林和靖（林逋），诗人，不曾婚娶，所居之处多植梅畜鹤，"妻梅子

墨梅图。清代汪士慎绘。

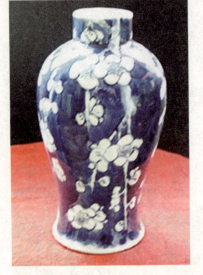

清代冰梅纹梅瓶

鹤"。正因为如此地痴爱，林逋写下了咏梅的千古绝唱《山园小梅》，其中"疏影横斜水清浅，暗香浮动月黄昏"一句，被人们指为最得梅花神韵。古人赏梅，注重的就是这种"横斜疏瘦"与"老枝奇怪"的"韵"与"格"。旧时人们又认为梅有"四贵"："贵稀不贵密；贵老不贵嫩；贵瘦不贵肥；贵含不贵开"，即稀疏、苍老、瘦劲、含苞的梅最好。

《花镜》称梅为"天下尤物"，又说梅"琼肌玉骨，物外佳人，群芳领袖"。因此，梅常被比作美人，或者多与妇女关联。元明杂剧、小说以"梅香"作为婢女的通称。

白朴的《东墙记》剧中说："更有个小妮子，是小姐使唤的梅香，亦能吟诗写染。"这些"梅香"大多是俏丽的少女，正如含苞欲放的梅；而那些老瘦蕴藉的梅花，则如身世沧桑、佳韵十足的美人。吉祥图案有"竹梅双喜"，为竹、梅和两只喜鹊的纹图，竹喻夫、梅喻妻，用来祝贺新婚。以上这些是以梅比拟女人，古时候还有用梅花妆扮女子的，比如"梅花妆"，是额头上点五瓣梅花的粉妆。据《宋书》记载："（宋）武帝女寿阳公主人日卧于含章檐下，梅花落公主额上，成五出之花，拂之不去，皇后留之，自

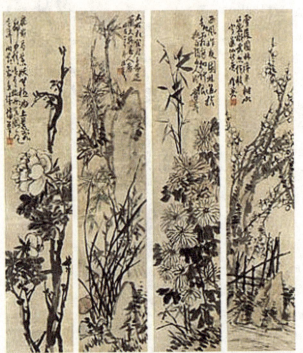

四君子图。清代蒲华绘。

后有梅花妆。"苏州妇女旧时穿一种"小梅桩"鞋，花样由芙蓉、茉莉花和盛开及含苞待放的梅花组成，梅谐"妹"音，吴语称未婚女子为小妹，小梅桩鞋有祝福小妹健康成长的寓意。

梅在冬春之交开花，"独先天下而春"，因此有报春花之称。据传说，有一年冬天，宋神宗问学问很高的叶涛："木公木母何如？"叶涛答道："木公正傲岁，木母正含春。"这里的木公、木母都是拆字，前者指松，后者指梅。宋代陈亮的《梅花》诗也说："一朵忽先报，百花皆后香，欲传春消息，不怕雪里藏。"梅花这种"凌寒独自开"的品格向来为人所称颂。旧时有所谓"五清图"，是松、竹、梅、月、水的纹图，都是清莹晶亮的事物。同时，寒梅报春，又有吉祥喜庆的意义，所以春联中多写到梅，如：

喜上梅梢。传统吉祥图案。

> 春夏秋冬春为首，
> 梅李桃杏梅占先。

> 辞旧岁劲松染霜松更绿，
> 迎新春寒梅映雪梅更红。

喜鹊在梅枝上高鸣的纹图称"喜报早春"、"喜报春先"。此类图案运用极广，画稿、家具、什器、建筑中均可见到。

关于梅的品格，旧时又有"四德"之说："梅具四德，初生为元，开花如亨，结子为利，成熟为贞。"这里把梅与《易经·乾卦》的"元亨利贞"结合起来，表现它的美好。一说梅花五瓣，象征五福。旧时的春联有"梅开五福，竹报三多"。这些，都为梅增添了吉祥寓意。

莲

莲花为睡莲科水生宿根植物，别名极多，诸如荷花、水芙蓉、芙蓉、菡萏、藕花、水华、水旦、水芸、水芝丹等等，其中常用的有荷花、菡萏等。莲花的每个部分也都有各自的称谓，《花镜》指出："其蕊曰菡萏，结实曰莲房，子曰莲子，叶曰葭，其根曰藕……莲子曰菂，菂中曰薏。"在古诗中，这些称谓都曾被提及。

青花并蒂莲纹折沿盆。清代瓷器。

莲花在我国有着悠久的栽培历史，早在公元前 6 世纪的《诗经》中就有记载。莲的实用价值极高，全身是宝。藕、莲子除供食用外，还可以供药用。藕能补中益气，莲子有清心、除烦躁、降血压的功能。莲花也能入药，捣碎敷患处可以治肿毒。莲叶可以解热、强壮、解毒、止血，还可以治疗神经衰弱。李时珍《本草纲目》总结说：莲，"医家取为服食，百病可却"。

不过，在我国数千年的栽培史中，除实用价值外，以莲花为中心，还凝结了一个小小的文化丛。概括来说，可以分作圣、俗两个方面，即佛教的以莲为譬，世俗社会的观赏与象

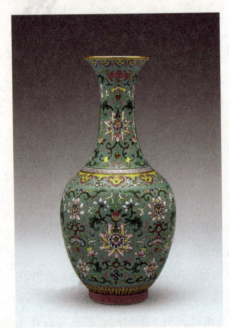

缠枝莲纹瓶。清代瓷器。

征。从另一种角度来说，可以分作美学领域的观赏与信仰领域的譬喻、象征。莲花的吉祥意义就是从这些方面发展而来的。

首先，佛教与莲花有着极其密切的关系。传说佛教创始人释迦牟尼在他的家乡盛植莲花，并且有多种，颜色有青、黄、红、白等。佛教所用的主要是白莲花，梵名叫"芬陀利"。佛陀所住的净土叫做"莲花藏界"（简称"莲界"），佛经叫"莲经"，佛座叫"莲台"、"莲座"，佛寺叫"莲宇"，僧人所住的地方叫"莲房"，袈裟叫"莲花衣"，莲花形的佛龛叫"莲龛"。总之，莲在佛教被赋予了神圣的意义，标志着圣洁高尚。释迦牟尼与他的弟子还以莲花作比喻，用来解释佛教，所谓"释氏用为引譬，妙理俱存"（《本草纲目》）。在佛教中有所谓"莲花三喻"，以"为莲故华"、"华开现莲"、"华落莲成"比喻佛理的发展和兴盛。因此，莲花图案便成为佛教的一种标志。举凡有关佛教的偶像、器物、建筑，都以此为装饰。随着佛教的传播和流行，莲花图案也常见于世俗世界，比如古代墓葬中就有缠枝莲花等纹图。

在我国，赏莲、采莲是人们传统的爱好与习俗。莲不仅花可以赏，她的"根、茎、花、实，凡品难同，清净济用，群美兼得"（《本草纲目》）。古人称莲花为"花中君子"，《群芳谱》说："凡物先华而后实，独此华实齐生。百节疏通，万窍玲珑，亭亭物华，出于淤泥而不染，花中之君子也。"当然，对莲的姿容、品德概括最好的是周敦颐的《爱莲说》。自古及今，人们无不爱赏莲花，除夏日清赏、秋听雨打残荷之外，仿照莲花形状以及绘有莲花纹样的物件比比皆是。以莲构成的吉祥图案也很多，最主要的有：

花中君子——莲花的纹图，国画中常有。

一品清廉——一茎莲花的纹图，见于画稿、什器、文具等。以莲的高洁比喻为官的清廉，又"青莲"和"清廉"同音。

连生贵子图。传统吉祥图案。

荷花鸳鸯图。明代陈洪绶绘。

本固枝荣——莲花丛生的纹图。莲是盘根植物，并且枝、叶、花茂盛，绘莲花丛生的纹图，表示"本固枝荣"之意，用来祝福世代绵延、家道昌盛。

连生贵子——莲花与莲子（俗称莲蓬）的纹图。莲与别的植物不同，花和果实同时生长，所谓"华实齐生"，所以莲子被用来比喻"贵子"、"早生贵子"之意。

因何得藕——荷花、莲蓬及藕组合而成的纹图。"因何得藕"是一句祝贺新婚、姻缘的吉祥话。这种纹图常见于画稿、什器、衣料以及各种装饰品。莲根为藕，《本草纲目》说："夫藕生卑污，而洁白自若；质柔而实坚，居下而有节。孔窍玲珑，丝轮内隐，生于嫩蒻，而发为茎叶花实；又复生芽，以续生生之脉。四时可食，令人心欢，可谓灵根矣。"因而，莲藕除了可以借寓夫妇之偶以及生子不息的意思外，还是聪明透亮的象征。旧时莲藕配合葱、菱、荔枝的纹图，题为"聪明伶俐"。

并蒂同心——两朵莲花生于一藕的纹图。莲中有并蒂莲，一个花蒂上开两朵花，是男女好合、夫妻恩爱的象征。婚庆喜联中常以此入对，如：

> 比翼鸟永栖常青树，
> 并蒂花久开勤俭家。

> 红妆带绾同心结，
> 碧沼花开并蒂莲。

此外，莲藕有窍相通，可以表示"同心"的意思。

莲花别称荷花，所以吉祥图案中又以"荷"谐音"和"或"河"。如"和合"，为荷花和盒子的纹图；"河清海晏"，为荷花、海棠、燕子的纹图。

芙蓉

莲的名称之一叫芙蓉，因它是水生的，所以也叫水芙蓉。与水芙蓉相对又有木芙蓉，俗称木莲，又称地芙蓉、山芙蓉、文官、拒霜，一般人们常说的芙蓉就是指这种木芙蓉。芙蓉入秋发出花蕾，秋末冬初开花，霜降时节花开最盛。芙蓉花娇艳美丽，有大红、粉红、桃红、白、黄几种颜色。芙蓉原产我国，栽培历史悠久，尤以四川为最。五代的蜀后主孟昶曾在宫苑城头尽植芙蓉，花开如锦，所以后人称成都为锦城、锦官城、蓉城、芙蓉城。又有"芙蓉江"，是浙江温州瓯江的别名，也因栽植芙蓉特盛而得名。清人劳大兴的《瓯江逸志》就说："温州芙蓉，

剔红鹭鸶芙蓉纹圆漆盖盒。元代工艺品。

木芙蓉立轴。晚清吴昌硕绘。

一路荣华。传统吉祥图案。

高与梧桐等，八月杪（末）即放花，九月特盛，遍地有之……最妙者为醉芙蓉，晨起白色，午后淡红，晚则变为深红。其树宛若梧桐，殊堪赏玩。瓯江又名芙蓉江，盖谓此也。"

芙蓉八九月间开花，耐寒不凋，所以也叫拒霜。苏东坡的《和述古拒霜花》诗别开机杼，赞美芙蓉："千林扫作一番黄，只有芙蓉独自芳；唤作拒霜知未称，看来却是最宜霜。"芙蓉花"群芳落尽独自芳"（宋王安石《拒霜花》诗），不仅"堪与菊花称晚节"（明吴孔嘉《木芙蓉》诗），而且在秋菊之后凋谢，是最晚凋谢的花卉，所以古人颇为芙蓉而感到不平，叹道："谁道金风能肃物，因何厚薄不相侔。"并说"陶菊香浓亦合羞"。有人哀怜芙蓉的寂寞，但更多的人则赞美她拒霜绽花，火红烂漫，"唤来春色秋光里"。宋代皇帝孝宗《书刁光允木芙蓉》就赞美道："托根不与菊为双，历尽风霜未肯降；本是无心岂有怨，年年清艳照秋江。"

芙蓉花凌霜斗妍，灿烂绚丽，其本身就是欣欣向荣的生命力的写照；同时，芙蓉的"蓉"与荣华的"荣"谐音，因而被用作荣华勃发的象征。旧时吉祥图案表达"荣华"的主题，都以芙蓉花为素材，如：

荣华富贵——芙蓉花与牡丹的纹图。

一路荣华——芙蓉花与鹭鸶的纹图。

富贵荣华到白头——芙蓉配合牡丹、白头翁的纹图。

这些图案用于画稿、衣料、什器、文具等。又有"夫荣妻贵"图，为芙蓉花和桂花的纹图，用于画稿、什器、衣料，尤以女性用品为多。

兰

兰是兰属植物的总称，实际上，兰有花、草、木之分，一为兰花，一为兰草，一为木兰，这里主要指前两种。兰草、兰花又有许多品种，宋代赵时庚的《金漳兰谱》列有二十二品，王贵学的《兰谱》列有五十品。不过，在一般民众的心目中，这种差别并不被看得那样重要，人们笼统地视兰为吉祥物。

兰是我国传统名贵花卉之一，已经有两千多年的栽培历史。《易经》说"同心之言，其臭如兰"。《楚辞》更多以兰比喻君子高洁的品质。由于兰花叶态优美，花朵清雅芳香，花质素洁，自古就深受人民的喜爱。

兰受人喜爱，首先在她的香。兰有"王者香"、"香祖"之称。据《孔子家语》记载，孔子从卫国返回鲁国，见到幽谷之中兰香独茂，喟然叹道："兰当为王者"，所以后人称兰香为"王者香"，《幼学故事琼林》有"兰为王者之香，菊同隐逸之士"之句。《群芳谱》说："江南以兰为'香祖'；又云兰无偶，称为'第一香'。"兰之香"幽香清远，馥郁袭衣，弥旬不歇"（《群芳谱》）。因此，古人常用兰总括香、用兰代表香，进而赋予其华美、绚烂的意思。这类冠以"兰"的文辞很多，诸如：

兰室：芳香高雅的居室。

兰汤：有香味的水。

兰时：美好的时光，指春日。

兰讯：对他人书信的美称。

兰章：华美的文辞，用于赞美他人的诗文或书札。

秋兰文石图。清代罗聘绘。

兰藻：比喻文辞如兰之芳、如藻之美。

不只如此，喜好连类附会的人们还将兰的品质推而及人，与人的品格以及人伦规范联系，从而浸染上伦理文化的色彩，用来比喻、指代人品和社会人伦关系。这样的冠以"兰"的词汇诸如：

君子之交。传统吉祥图案。

兰石：兰芳石坚，比喻人的资质之美。

兰芝：比喻高风美德。

兰心惠性：比喻女子幽静高雅的品格。

兰交：指知心朋友。

此外还有"兰兆"、"兰梦"，更为奇异。据《左传》记载，郑文公有个叫燕姑的贱妾，梦见天使给她兰花，后来生了穆公，取名为兰，这就是"兰梦"的由来。后世由此衍化出"兰兆"，指怀孕生男的吉兆。

兰因其馨香而代指优美的资质，人们又希望子孙禀赋如兰之质，所以兰又与桂一起转而被用来指代子孙。东晋谢安比拟子侄为芝兰，五代窦禹钧的五个儿子被称为"五桂"，由此，后世把子孙称为兰桂。与此相关的骈语（四六句）有：

父母并存，谓之椿萱并茂；
子孙发达，谓之兰桂腾芳。

《红楼梦》中李纨之子名兰，宝玉之子名桂，后来都高中科名，兰桂齐芳，家道复初，结合贾府的中衰来看，颇为耐人寻味，这种意趣便与既成的民族象征体系、吉祥观念有关。

兰不仅香气馥郁，还能逐蠹虫、辟不祥。先秦时代，郑国有秉兰辟邪的习俗，"三月男女秉兰于水际，以自被除"。《离骚》说兰的绿叶紫茎素枝，可纫、可佩、可藉、可膏、可浴；《西京杂记》记载，汉代时，人们把兰花与脂粉混杂在衣裳、书籍中驱辟蠹虫；唐代时，江南人家多种兰，夏天采花洗头，不生头屑……

以兰为素材构成的吉祥图案很多，应用极广，诸如"兰花图"、"五瑞图"、"君子之交"、"兰桂齐芳"等等。现代工艺品以兰为图案的也极多，比如信笺、信封图案，兰花的国画、铁画，兰花邮票更是海内外集邮爱好者的珍品。

玉 兰

玉兰是木兰科落叶乔木，也叫白玉兰、望春树、望春花。玉兰花在我国的栽培历史已经有二千五百年之久，屈原诗文中已有记述。不过，在唐代以前，玉兰和木兰没有严格的区别，只把它们统称为木兰。唐代以后，玉兰得到广泛的栽培。

玉兰树干高可达十五米，呈灰褐色，枝条稀疏而粗壮。《花镜》说：玉兰"树高大而坚……绝无柔条。隆冬结蕾，一干一花，皆着木末，必俟花落后，叶从蒂中抽出"。玉兰枝干遒劲，身躯伟岸，在吐叶前便开花，晶莹清丽，犹如玉树在雪山排空而出，气势壮观。这种气势、风格很为古人所称道，被概括为"玉树临风"。玉树本来是传说中的仙树，又指白雪覆盖的树，后世用来比喻姿貌秀美、才干优异的人。《晋书·谢玄传》记载：谢玄与堂兄谢朗都被叔叔谢安所器重，谢安曾经告诫他们："'汝等何豫人？'诸子莫言，玄曰：'譬如芝兰玉树欲使其生于庭阶耳。'"此后，人们便用芝兰玉树比喻人才之美。玉兰花的纹图题"玉树临风"，应用于画稿、什器、文具、建筑等。又有"玉堂富贵"，是玉兰花配合海棠、牡丹的纹

玉堂芝兰图。明代孙克弘绘。

图。其中玉兰、海棠谐音"玉堂"。"玉堂"的意思很丰富，诸如仙人所居、帝王宫殿等都可以叫作玉堂，这里是翰林官署的雅称，也泛指富贵人家的宅邸。旧时，苏州新娘在婚礼上穿"玉堂富贵"鞋，花样由玉兰、海棠、芙蓉、桂花等花卉组成，为祝福的祥瑞。

木兰又叫木笔、紫玉兰、辛夷、娜花等，是丛生灌木或落叶小乔木。木兰的花蕾名叫辛夷，能散风寒、通鼻窍，所谓"巧资妙医"。木兰含苞待放时，很像巨大的毛笔，尖直挺秀，直指蓝天白云，故名"木笔"。明代张新《木笔花》诗说："梦中曾见笔生花，锦字还将气象夸。谁信花中原有笔，毫端方欲吐春霞。"木笔之"笔"与必定之"必"近音相谐，所以玉兰花靠近寿石的纹图题名"必得其寿"，用于画稿、什器、文具等，有祝福长寿延年的寓意。

牡　丹

关于我国国花的讨论已经持续了不短的时间，备选花种，首屈一指的是梅花，但也有人力顶牡丹，还有人持梅花、牡丹双国花之说，可见国人对牡丹的钟爱。

牡丹是我国土生土长的观赏花木，原产于我国北部，现在在秦岭和陕北山地还有许多野生的。牡丹是毛莨科灌木，又有"鹿韭"、"鼠姑"、"百两金"、

"花王"、"富贵花"之称。牡丹在我国栽培历史悠久，品种繁多，《花镜》记载有一百三十一种，《群芳谱》记载有一百八十余种，明朝薛凤翔的《亳州牡丹表》一书竟列出了二百六十九种，分神品、名品、灵品、逸品、能品、具品六类，极尽牡丹之品类。不过，古人认为牡丹中品位最高的还是黄、紫两色，所谓"姚黄魏紫，牡丹颜色得人怜"。

牡丹有许多响亮、美好的别称，诸如"国色天香"、"百花王"、"富贵王"等等。"国色天香"之称出现在牡丹栽植、观赏之风最盛的唐初。

牡丹花兜肚。选自《中国民间艺术》。

《群芳谱》指出："唐开元中，天下太平，牡丹始盛于长安。"据传，有一次唐玄宗在内殿观赏牡丹时，问到咏牡丹之诗何者为首，陈修己上奏说是李正封的诗"国色朝酣酒，天香夜染衣"最为有名。此后，牡丹便有了"国色天香"的美誉。此外，唐代诗人皮日休也有诗咏牡丹："落尽残红始吐芳，佳名唤作百花王。""百花王"之称始于此时，因为牡丹花朵硕大艳丽，冠绝群芳。李时珍的《本草纲目》沿用了这种说法："群花品中，以牡丹第一，芍药第二，故世谓牡丹为花王。"牡丹的另外一个美誉"富贵花"，大约始于宋代，源于周敦颐《爱莲说》中的"牡丹，花之富贵者也"。

洛阳春色图。明代陈淳绘。

"洛阳牡丹甲天下"，这几乎是众口一词的说法，因此牡丹也有"洛阳花"之称。洛阳是宋代的大都会，十分繁华，莳艺、赏赞、歌咏牡丹之风也最盛，所以牡丹也就有了"洛阳花"之称。在当时的洛阳，到了花期，往往倾城倾国，观花赋诗，蔚为壮观。邵伯温的《闻见前录》就记载说："于花盛处作环围，四方使艺举集。都人士女载酒争出，择园亭胜地上下池台间，引满歌呼，不复问其主人。抵暮游花市，以筇笼卖花，虽贫者亦载花饮酒相乐。"欧阳修《洛阳牡丹记》也记载说："洛阳之俗大抵好花，春时城中无贵贱皆插花，虽负担者亦然。花开时，士庶竞为遨游，往往于古寺废宅有池台处，为市井张幄帘，笙歌之声相闻。"总之，洛阳的牡丹花不仅开得好，而且当地男女老幼无论达贵人还是贫民百姓，都对它倾注了极大的热情，直把牡丹花期当成了热闹的节日。这也无怪于如今每年的洛阳牡丹节享誉中外、宾至如潮了。

清代五彩凤穿牡丹花纹罐

牡丹以它独特的姿质逗引着人们的审美热情，也便渐渐地渗透到人们的观念意识中，成为吉祥象征物。如果说，牡丹"国色天香"的雅号还在于说明它的审美特性，那么"花王"、"富贵花"所寄寓的就更多的是超越审美领域的意义，反映着人们企盼、祝颂既富且贵的意愿。文人雅士以牡丹命名自己的书斋、花园，如宋代周必大有"天香堂"，明代周王有"国色园"。妇人们则喜欢把牡丹簪插鬓边髻上，史载唐时妇女多簪牡丹于髻上，以显示其妩媚与富丽。

既然牡丹既具审美价值，又有吉祥寓意，那么它也就必然成为传统吉祥图案的重要素材，比如"官居一品"、"国色天香"，就是牡丹的纹图。此外还有：

富贵长春——牡丹和长春花（或白头鸟）的纹图。

长命富贵——寿石、牡丹和桃花的纹图。

神仙富贵——牡丹、水仙的纹图。

十全富贵——牡丹配以十个古钱的纹图。

这些图案应用于画稿、衣料、家具、什器、建筑等，极其广泛。

月 季

在我国北方——比如北京吧，最常见的园林花卉，恐怕就数月季了，路边、河堤如此，公园、小区的花坛，月季也大多是当家花。

月季是蔷薇科直立灌木。它的花数朵集成一束，花梗细长。花瓣有单、重两种，重瓣最多可达八十片左右，有红、紫、白、粉红、黄、绿等色。月季花期特别长，由此而得到许多别名。《广群芳谱》称：因月季四季不断开花，故称长春花（另有

富贵长春。由牡丹、月季组成的吉祥图案。传统吉祥图案。

金盏花也称长春花）。《群芳谱》说：月季"一名长春花，一名月月红，一名斗雪红，一名胜春，一名瘦客……（其花）逐月一开，四时不绝"。《花镜》也说："月季一名斗雪红，一名胜春，俗名月月红……四季开花。"月季的花期从四月到十二月多达九个月，延续二百四十天之久。

古人对月季花多有诗词吟咏，宋代杨万里《月季花》诗称："只道花无十日红，此花无日不春风。"明代张新

月季纹盘

四季平安图。传统年画。

《月季花》诗谓："一番花信一番新，半属东风半属尘。惟有此花开不厌，一年四季长占春。"宋代赵师侠的词作《朝中措·月季》，写得更为传神："开随律琯度芳辰。鲜艳见天真。不比浮花浪蕊，天教月月常新。蔷薇颜色，玫瑰态度，宝相精神。休数岁时月季，仙家栏槛常春。"这首词不仅写到了月季的仪态习性，也揭示了其品格，比拟了其精神。

月季原产中国，已经有两千余年的栽培历史。由于它四季常开，所以特别受人看重、爱戴。据传，18世纪80年代左右，月季经印度传入欧洲，当时正值英法交战，为使中国传入的名贵月季安全地由英赴法，双方曾商定停战，并派重兵护送。迄今，英国人仍奉月季为国花。我国人民也十分喜爱月季，天津、常州等市把月季定为市花。

在民俗信仰中，月季因四季开花、花期极长而被视作祥瑞，新春、婚礼及寿诞等时节或场合的祝吉语"四季平安"、"万代长春"便隐含月季花名。如婚联："描花四季花长好，绘月千年月永圆。"至于此类图案，多用月季为素材，一则象征四季，一则象征长春，诸如：

四季平安——花瓶中插月季花的纹图。

天地长春——天竹、南瓜和月季花的纹图。

长春白头——白头翁栖寿石旁月季上的纹图。

万代长春——葫芦和长春花或卐字锦上散布月季花的纹图。

此类图案应用颇广，尤以用于祝寿为多。

水 仙

　　喜爱花卉的人，每逢春节，大都要在居室中放几丛鲜花。鲜切花之类不说，盆栽中最具特色的，怕是要属水仙了，只要把握得好，它就会在你需要的时候绽放花朵、飘溢馨香。

　　水仙属石蒜科，是多年生的草本植物。水仙的得名，在于它性喜水。《花镜》说："因其性喜水，故名水仙。"王世懋的《花疏》也说："其物得水则不枯，故曰水仙，称其名矣。"水仙有单瓣（单叶）、千瓣（千叶）之分。单叶水仙又称"金盏银台"，宋代杨万里《千叶水仙花》诗序说："世以水仙为金盏银台，盖单叶者其中有一金盏，深黄而金色。"千叶水仙花皮卷皱密蹙，下部轻黄，上部淡白，又名"玉玲珑"。

　　水仙花又有"女史花"、"姚女花"之称，这些名声都来源于优美的古代传说。据《内观日疏》记载：一个姓姚的老太太住在长离桥，有一年十一月一天的半夜，梦见一颗叫观星的星星掉在地上，化为一丛水仙花，很好看也很香，就摘来吃了，醒来后生下了一个女儿。这个女孩长大后秀外慧中，是个才女，远近闻名。所谓观星也就是女史，所以水仙花又叫"女史花"，又因那个姑娘姓姚，所以也叫"姚女花"。

　　相传水仙为水中仙子所化，高洁脱尘，甚受世人爱重。宋代以前，有关水仙的记载还不多；到了宋代，人们的赋咏逐渐多了起来。宋代的高似孙有《水仙花

天竺水仙图。清代蒲华绘。

灵芝水仙纹盘。清代工艺品。

赋》，其序将水仙花直比仙人雅士，其辞云："水仙花非花也，幽楚窈眇，脱去埃滓，全如近湘君、湘夫人、离骚大夫与宋玉诸人。"而关于水仙是仙人的情状，也有古籍讲得有根有据、惟妙惟肖。唐代薛用弱的《集异记》记载说："薛榛，河东人。幼时于窗棂内见一女子，素服珠履，独步中庭，叹曰：'良人游学，艰于会面，对此风景，能无怅然。'于袖中出画兰卷子，对之微笑，复泪下吟诗，其音细亮。闻有人声，遂隐于水仙花中。忽一男人，从丛兰中出曰：'娘子久离，必应相念，阻于跬步，不啻万里。'亦歌诗一篇，歌已仍入丛兰中。榛苦心强记，惊讶久之，自此文藻异常，一时传诵，谓二花为夫妇花。"在这里，水仙被描绘成一个多情多义、高雅也必然美丽的女子，可谓传神入化了。

在传统的自然时序中，百花春夏竞放，隆冬只有腊梅、水仙数种。因而，水仙常被作为新年案头的清供。水仙花质姿洁丽、馨香清绝，又值除旧布新的新春佳节盛开，甚为世人赏爱。至今，我国南北各地盛行水仙迎春的风习。当阖家团圆、共尝年夜饭的时候，清雅的水仙花悄然开放，给大家带来明丽的春光。因此，人们以为水仙有辟邪除秽、给人间带来吉祥如意的神奇力量。此外，水仙之仙与神仙、仙境之仙同音同形，甚为吉利，常被用来祝吉利、讨口彩。在吉祥图案中，寿石和数株水仙的纹图称"群仙拱寿"；花瓶和水仙表示"仙壶"，仙壶即方壶、蓬壶、瀛壶，是仙人所居之处。水仙单独作为吉祥图案的，也常见于家具、画稿之中。

神仙富贵图。传统吉祥图案。

百　合

百合是多年生草本植物，是一种球根花卉。又名重箱、摩罗、强瞿、中逢花。百合花呈喇叭状，有白、红、黄几种颜色。球根如蒜，可以食用，具有较高药用价值，是滋补的上品。《农政全书》对此介绍颇详：百合"开淡黄白花，如石榴嘴而大，四重向下，覆长蕊；花心有檀色。每一棵须五六花。子紫色，圆如梧桐子，生于枝叶间……根白色，形如松子壳，四面攒生，中间出苗；又如胡蒜，重叠生二三十瓣……采根煮熟食之，甚益人气。"又云："蒸过，与蜜食；或为粉，尤佳。"

和合万年。传统吉祥图案。

百合花花姿绰约，色彩艳丽，香气袭人，姿、色、香俱佳。而且百合花多盛开于夏日群芳敛艳之时，甚为可观。百合的名字颇为吉祥，而且百合之百与数目之百同音同形，因此常被取来用以祝颂吉祥。吉祥图案主题中的"百"多借用百合来比喻。如"百事如意"，为百合花（或百合根）与柿和灵芝的纹图。此种图案常见于画稿、织物、建筑、家具外，也多见于诞生和嫁娶喜事。此外如：百合根与柿子及大橘子的纹图题名"百事大吉"；两个百合球根与万年青的纹图称作"和合万年"。

青花缠枝百合纹碗。明代工艺品。

135

山 茶

山茶花是常绿灌木或小乔木。又名茶花、耐冬、曼陀罗、海榴。《花镜》说："山茶一名曼陀罗……叶似木樨，阔厚而尖长，面深绿，背浅绿，经冬不凋。以叶类茶，故得茶名。"

春光长寿。传统吉祥图案。

山茶花树姿优美、枝叶繁密，终年常青，花朵硕大，色彩明丽，是著名的观赏植物。古人称山茶花有十大优点：一、艳而不妖；二、寿经数百年尚如新植；三、枝干几丈高，大可合抱；四、肤纹花润，黯若古云气樽罍；五、枝条黝纠，状如鹿尾龙形；六、蟠根轮困离奇，可凭而几，可藉而枕；七、叶深如喔；八、性耐霜雪，四时常青；九、次第开放，历时数月；十、水养瓶中，历十余日而颜色不变。

在中国传统文化之中，山茶花常用来表示春意，寓意生机勃勃、葱郁常青。这来自于它耐冬、常青、报春的特点。古诗文对此多所记述、歌咏。唐人温庭筠的《海榴》诗说："海榴开似火，先解报春风。"宋人梅尧臣的《山茶花树子赠梦延老》诗说："南国有嘉树，华若赤玉杯。曾无冬春改，常冒霜雪开。"说得最好的是曾巩的《山茶花》诗："山茶花开春未归，春归正值花盛时。"吉祥图案"春光长寿"便是取山茶花来比喻春意（与之配合的绶鸟比喻长寿），除用于画稿、衣料、家具、什器外，也用于祝寿。

万年青

万年青，一名千年蒀。多年生常绿草本植物。叶片肥大，由地下丛生，颜色深绿，经冬不凋。春季开花，花葶自叶丛中抽出，顶端为穗状花序，密密地簇集数十朵小花。果实圆如球形，成熟后颜色彤红。万年青的观赏价值较高，尤其是秋天结果之后，几片厚叶捧出一掬嫩果，果实鲜红，阔叶碧绿，鲜润艳丽，对比分明，素雅可观。

我国民间视万年青为吉祥之物，多有栽植。喜庆节日，一盆万年青供于案头，寓意颇丰。《花镜》说："吴中人家多种之，造屋易居，行聘治圹，小儿初生，一切喜事，无不用之，以为祥瑞口号。至于结姻礼聘，虽不取生者，亦必剪造绫绢，肖其形以代之。"由此可知，万年青适用于一切场合，盖房搬家用以寓顺遂，娶媳嫁女用以寓如意，生子寿诞用以祝福健康长寿，丧葬礼仪用以歌颂永垂不

万事如意。传统吉祥图案。

朽。而且旧时人们除运用实物外，也用绫绢剪裁、结扎万年青，取同样的用意。

此外，万年青还常见于吉祥图案。盆植万年青，迄今仍是国画中多见的画面，无论挂于私家还是公室，都平添一派生机。日用品如脸盆、桌围等也多见这种画面。此外的这类图案还有：

万事如意——盆中栽植万年青和灵芝的纹图，应用于画稿、建筑、衣料、什器上，尤以结婚用具为多。

和合万年——两个百合根（或百合根与葫芦）以及万年青的纹图。桶中种植万年青的纹图，题为"一统万年"，多见于封建时代的皇家用品；同类的还有"天子万年"，为天竺和万年青的纹图。

137

吉祥草

在中国民间，许多东西仅凭谐音等等简单的联系，就被东拉西扯地赋予了吉祥的意义；名称本称就吉祥的东西，当然就更要被取来运用了。吉祥草就是如此。

吉祥草

吉祥草是百合科多年生常绿草本植物。一名玉带草、瑞草、观音草、松寿兰。吉祥草"色长青，茎嫩柔，叶青绿色，花紫，蓓结小红子，然不易开花"。它的实用及观赏价值首先在于铺植绿地。这种草生长迅速，能较快地覆盖地面，在林下空间栽植，不久便成绿茵一片，配以淡紫的花、火红的果，很为美观。其次，吉祥草"亦可登盆，用以伴孤石灵芝，清雅之甚，堪作书窗佳玩"（《群芳谱》）。为清供第一，盆景中的上品。

吉祥草取名吉祥，民间又认为它开花是即将有喜庆降临的预兆。《花镜》称"花不易发，开则主喜"；《群芳谱》也说："或云开则有赦，一云开花则家有喜庆事。"正因其预兆喜事的功能以及好听的名称，吉祥草多被人们栽植，以求喜事临门、福禄双至。

此外，佛经传说释迦牟尼佛成道时，吉祥童子所奉的草也叫吉祥草，又称吉祥茅、牺牲草。《水经注》说："菩萨前到贝多树下，敷吉祥草，东向而坐。"这里的菩萨就是释迦牟尼，他正是铺了吉祥草，坐在菩提树下悟道成佛的。佛教的这种传说，自然也增添了吉祥草的吉祥意义。

灵 芝

　　用现代植物学的眼光来看，芝本是芝科多年生草本隐花植物。但是，中国古人视其为神物，有灵芝、瑞芝、仙芝、神芝之称，并演义出了许多神仙传说，赋予其丰厚的吉祥寓意。

　　芝，古时候本来写作"之"，篆文作"⅏"，是草生地上的象形，后来加"艹"字与助词"之"加以区别。芝被神化，始于道家术士之辈，时间大约当在秦汉。魏晋六朝时，其风犹炽。晋人葛洪的《抱朴子》是典型的神仙家著作，其中有"仙药"一篇，详述芝的种类及其神奇无上的功效。另一部神仙家著作《神仙传》，也是如此。概括来说，芝有木芝、石芝、草芝、肉芝、菌芝，此外还有水芝、车马芝、地芝、月芝、土芝、黑云芝、人芝、东方芝、夜光芝、虎芝、赤龙芝等等，它的奇异功效不仅能使人生翼乘云、轻身避水、长生不死，还能起死回生。道家术士的这些仙话说教，在中国的传统观念意识中留下了深刻的烙印，芝也便成为突出的吉祥物。

　　首先，根据古代的吉凶休咎观念来看，芝既是神异的自然物，就必然与人事的兴旺发达关联，灵芝的出现必然预兆着政清民和、河清海晏；或者说王者仁德、政治清明，才会有灵芝出现。《神农本草》说："王者仁慈，则芝草生玉茎紫笋。"又说："圣人休祥，有五色神芝含秀而吐荣。"《瑞应图》说："芝英者，王者德仁则生。"史籍还记载了这样的故实：宋真宗耻

松芝图。清代赵之琛绘。

青花灵芝纹尊。明代瓷器。

于同契丹订立澶渊之盟，采用了王若钦的进言，想用神学政治来抵御外患、粉饰太平、镇服四海，因而除伪造天书外，又伪造芝草，想用"芝草生"的瑞应来堵别人的嘴、捆别人的手，结果一时间献芝的人由十而百，由千而万，鱼目混珠，演成一场闹剧。

灵芝是神奇瑞应之草，从花卉的品位上来说，又是与兰齐名的香草。因而，芝兰合称，常用来比喻君子之交。宋代罗愿的《尔雅翼》说："芝，古以为香草，大夫之挚芝兰"；又说："与善者居，如入芝兰之室，久而不闻其香，则与之化矣。"吉祥图案中的"君子之交"，就是灵芝和兰花的纹图，广泛地应用于画稿、家具、建筑、文具、什器、衣料等实物。

灵芝的神瑞还在于它有使人驻颜不老以及起死回生的奇效。就神学政治家来看，灵芝的休应是"王者"的专利品，并不为老百姓所关心，但它驻颜、回春的奇效则对朝野士庶都是有吸引力的。正因如此，灵芝作为吉祥物，它的主要寓意在于祝福，祈愿健康长寿。它常被取来用作祝寿的素材，或嵌于寿联，或吟入祝寿诗，或绘于贺寿画。图绘灵芝、水仙、竹和寿石的纹样，或天竹、水仙、寿石、灵芝的纹样，称"芝仙祝寿"、"天仙寿芝"，都可以用来贺寿。

有趣的是，灵芝还在看似截然相反的情形下被寄予吉祥寓意。传统吉祥图案中有"伶俐不如痴"、"聪明伶俐不如痴"，是菱、荔枝和灵芝（或再加葱）的纹图。这里灵芝的"芝"与"痴"音近，谐音取义，以"芝"代"痴"。祝愿别人或希望自己痴，似乎都不是合乎逻辑的，然而实际上，这里以灵芝寓意痴，与寓意健康长寿价值取向完全一致。这里的"聪明伶俐不如痴"与传统命名的"贱名法"（比如取名"狗剩"、"二憨"）一样，不同程度地反映了中国人内敛的人格和思维逻辑，也反映了民众相反相成的民俗信仰。

艾

艾与蒿一样，是一种极为普通的多年生草本植物。《本草纲目》描述它的生态、状貌说："此草多年生山原，二月宿根生苗成丛。其茎直生，白色，高四五尺。其叶四布，状如蒿。分为五尖，霜后始枯。"不过，这种普通的生物在我国则有比较丰厚的文化意蕴。

艾草

首先，艾曾代替蓍草用作占卜。蓍草俗称神草、多寿，为百草之长，故被用作卜筮。然而蓍草不易得到，所以常以艾代之。《尔雅》称艾为"冰台"，《博物志》说："削冰令圆，举以向日，以艾承其影，则得火。"就是说，用艾叶揉成的艾绒放在冰块的聚焦点上取火。时至近代，仍有人以艾绒取火，即用铁制的火镰敲击能发出火星的火石，燃着艾绒，用来点烟，或进而燃硫磺棍生火。此外，古人还常用艾绒搓捻点灯。

艾的最大功用是有助于针灸。陆佃在《埤雅》中说：艾，"草之可以入病者也"。古代医典对艾的这种功效多有记载，相应的神奇传闻也极多。陆游《老学庵笔记》说："祖母楚国夫人病累月，医药莫效。一日，有老道人状貌甚古，探囊中出少艾，取以一甄灸之。祖母方卧，忽觉腹痛甚如火灼。道人径去，疾驰不可及，祖母病遂愈。"宋人曾敏行的《独醒杂志》也记载说："枢密孙公抃，生数日患脐风已不救，家人乃盛以盘，合将弃诸江，道遇老妪曰：'儿可活。'即与俱归，以艾灸脐下，遂活。"这些记载有一定的真实性，都说明了艾在针灸或火灸中的独特作用。

我国古时又有端午节以艾叶避邪的习俗，或采来插在门上，或做成艾虎戴在发际。《荆楚岁时记》谈及前一种："五月五日……采艾以为人形，悬门户上，以禳毒气。"《山堂后考》提及后一种："端五以艾为虎形，或剪彩为

悬艾人

小虎贴艾叶内，人争相戴之。"这些民俗事项中"禳毒"的基础，就在于艾有一定的药用价值。现代药物学告诉我们，艾性温、味苦，其叶内服有和营血、暖子宫、祛寒温的功能。又可以用来制作艾叶油，有平喘、镇咳、祛痰及消炎的作用。有些地区以艾叶装成香包，佩在身上，这无疑有一定的医疗作用。

在现代社会，艾也可以挖掘出其吉祥、美好的寓意。传统吉祥物的创制途径之一就是谐音取义，"艾"与"爱"谐音，正大有用武之地。现代工艺品设计不妨以此为素材，利用谐音将"艾"与"爱"联系起来，做成装有艾叶的心形香包，供少男少女们互相赠送、传达爱意。

萱　草

萱　草

萱草是百合科萱草属草本植物，又名鹿葱、忘忧、宜男、黄花菜、金针菜。萱草原产我国、日本等地，适应性强，栽培简便。它夏、秋季开花，花茎高出叶丛，花色橘红或橘黄。花盛之时，绿叶成丛，花姿艳丽，气味清香，有一定的观赏价值。不过，萱草在中国花草文化史中的地位则是由所谓忘忧、宜男的特点所决定的，这也是它作为吉祥物的存在基础。

《太平御览》引《本草经》说："萱，一名忘忧"，又引《述异记》说："萱草，一名紫萱，又名忘忧草，吴中书生谓之疗愁。"其实，萱草之所以令人忘忧，还在于其一定的观赏价值。《诗经》曾经咏到萱草，曹植更有《宜男花颂》，称其"草号宜男，既晔且贞"。唐人李峤有诗题为《萱》，也是咏萱草的："屣步寻芳草，忘忧自结丛。黄英开养性，绿叶正依笼。色湛仙人露，香传少女风，还依北堂下，曹植动雄文。"正是因为人们在庭院近旁栽植萱草，观赏把玩，竟日留连，才得以忘忧疗愁。

曹植《宜男花颂》诗中已经提及萱草宜男的特点，并有"福齐太姒，永世克昌"之句。据传，萱草有助于孕妇生男孩。《博物志》说："妇人不孕，佩其花则生男。"《草木记》说得更肯定："妇女怀孕，佩其花必生男。"

松石萱花图。明代陈淳绘。

当然，这没有科学根据，不过是一种俗信而已，但对于"重男轻女"的传统中国民众来说，它具有相当的吸引力，被视作吉祥物也就不言而喻了。

此外，古时常以萱代表母亲，椿、萱并称以代表父母。旧时，萱草常种植在北堂之畔，北堂是古礼所规定的母亲所居之处，所以后世以萱堂为母亲或母亲居处的代称。明代朱权的《荆钗记》一剧有云："不幸椿庭陨丧，深赖萱堂训诲成人。"椿庭、萱堂分别指代父亲、母亲。寿联中也常见这种代称，如：

蟠桃子结三千岁，萱草花开八百春。

萱花挺秀辉南极，梅萼舒芳绕北堂。

菖 蒲

　　菖蒲是天南科的多年生草本植物。关于它的名称，古人的解说颇不一致，有的说"乃蒲之昌盛者，故曰菖蒲"（《本草纲目》），有的说"冬至后五旬七日，菖始生。菖者，百草之先生者也"（《吕氏春秋·任地》）。民众用它来作吉祥物，主要在于两个方面，一是菖蒲花主贵，一是菖蒲能使人延年益寿。

　　古人认为，菖蒲也是天星的再生。纬书《春秋运斗枢》说："玉衡星散为菖蒲。"既然是天星所成，必然神异，一方面是"远雅颂、着倡优，则玉衡星不明"（《春秋运斗枢》），一方面是"见菖蒲花当贵"。据《梁书》记载：梁太祖皇后张氏"尝于室内忽见庭前菖蒲生花，光彩照灼，非世所有，后惊异之，谓侍者曰：'汝见否？'皆云：'不见。'后曰：'尝闻见菖蒲花当贵，因取食之，生高祖。'"

　　菖蒲有白菖蒲、水菖蒲、石菖蒲、钱蒲等数种。其中石菖蒲、钱蒲等，大多置于几案，以供清赏。苏轼曾作《石菖蒲赞》，其序云："石菖蒲并石取之，濯去泥，渍以清水，置盆中可数十年不枯。"《花镜》也谈到了菖蒲的功用："灯前置一盆，可收灯烟，使不薰眼"；《群芳谱》更以赞美的口气说："石菖蒲……可以适情，可以养性。书斋左右一有此君，便觉清趣潇洒，乌可以常品目之！"可见菖蒲的观赏价值还是很高的。

　　最为普通的菖蒲为白菖蒲，它最能体现菖蒲的吉祥物价值。首先是辟邪。《荆楚岁时记》说："端午节以菖蒲一寸九节者，泛酒以辟瘟气。"这便是所谓

菖蒲

"菖蒲酒"。《周礼·天官》说："醯人掌四豆之实，朝事之豆，其实韭菹、醓醢、昌本、麋臡。"这里的"昌本"指菖蒲根，可见古时早有蔬食菖蒲的，只是不浸酒，也未曾提及辟邪。其实，菖蒲的这种效用是与它的药用价值紧相联系的。对于菖蒲的药用价值，古来医书、笔记、仙话等记述颇多，从五官须发到肢体五脏，它都有疗效，而且久服可以延年益寿。《本草经》说："菖蒲主治风寒湿痹，咳逆上气，开心孔，补五脏，通九窍，明耳目，出音声。……久服轻身，不忘不迷惑，延年。益心智，高志不老。"《群芳谱》所说与之相差无几："开心，补五脏，通九窍，明耳目，久服可以乌须发，轻身延年。"讲得最玄的当然是神仙道教一类的文字，神乎其神，其实不过无稽之谈。

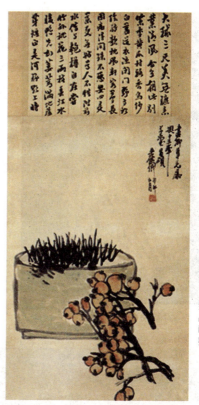

菖蒲图。吴昌硕绘。

茱萸

提到茱萸，恐怕首先让我们想到的就是王维《忆山东兄弟》那著名的诗句了："遥知兄弟登高处，遍插茱萸少一人。"这涉及我国古代重阳节的仪俗活动。古时候，九九重阳节这天，人们相约为伴，登高远眺，佩戴茱萸，俗称"茱萸会"。这一节俗的起源如同其他许多节俗活动一样，有极为浓厚的迷信色彩。据吴均《齐谐记》记载：汝南的桓景跟随费长房游学多年。有一天，费氏对他说："九月九日汝家当有灾，宜急去，令家人各作绛囊，盛茱

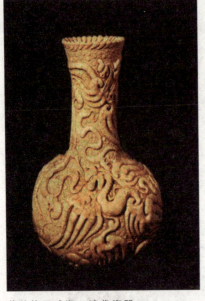

茱萸纹天球瓶。清代瓷器。

茱萸纹绣绢。西汉织品。

萸以系臂，登高饮菊花酒，此祸可除。"桓景照此行事，举家登山，晚上回去，见鸡犬牛羊都已经暴死，家人则因听从费长房之诫而躲过了这场灾难。后来，这种活动相沿成习，也就有了"茱萸会"。

茱萸气味香烈，民间认为它能祛邪辟灾。九月九日前后，茱萸成熟，色泽赤红，气味最烈，因而人们在这一天插茱萸、做茱萸囊。晋代周处的《风土记》说：此日"折茱萸插头，言辟恶气，而御初寒"。《群芳谱》等书也说："九月九日，折茱萸戴首，可辟恶，除鬼魅。"日常人们也以茱萸辟邪，比如身佩茱萸囊或插挂茱萸树枝。《太平御览》引用《杂五行志》还说房舍旁种茱萸树，"增年益寿，除患害"。此外，浸有茱萸叶的水也有防瘟祛病的功效，《太平御览》引《万毕术》说："井上宜种茱萸：茱萸叶落井中，有化水者，无瘟病。"《花镜》等也说："井侧河边，宜种此树，叶落其中，人饮是水，永无瘟疫。"

茱萸与九九登高关系密切，故而也就沾染了祝颂登高的意思。图案有"茱萸纹"，描摹茱萸树叶之形，自然也浸染着辟邪登高的意蕴。汉代锦缎有"茱萸锦"，刺绣有"茱萸绣"，都是以茱萸纹样装饰的。晋代陆翙的《邺中记》一书说："锦有大登高、小登高……大茱萸、小茱萸……"

葫 芦

　　葫芦是藤本植物，又称蒲芦、壶芦、匏瓜、瓠瓜等。葫芦作为植物，藤蔓绵延，结食累累，籽粒繁多，所以被视作象征、祈求子孙万代的吉祥物。

　　葫芦有一定的实用价值，其果实嫩时可以煮食，老干之后，可以剖开来用作汲水用具（如水瓢），又可以用作酒器，或作为一般的盛物器具。葫芦的叶子嫩时也可以做菜，叫作"瓠羹"。古时候葫芦还被用作乐器的一部分，这类乐器就是八音中的匏。

　　在人们的观念中，葫芦"累然而生，食之无穷"（王士禛语），其中籽粒众多，数而难尽，因此被取作绵延后代、子孙众多的最好象征。同时，葫芦蔓葱茏茂盛，缠绕绵长，人们又取其滋长、长久之意，用来表示吉祥的意思。此外，葫芦蔓之"蔓"与子孙万代、千秋万代的"万"谐音取意，寓意万代绵长。葫芦蔓上结着数个葫芦的纹图称"子孙万代"，所取就是葫芦结籽众多、藤蔓绵长的特点以及"蔓"与"万"的谐音。这种图案见于画稿、家具、什器、衣料、建筑、雕刻，表达着中国人根深蒂固的宏伟愿望。

五彩仕女纹葫芦瓶。清代工艺品。

子孙万代。传统吉祥图案。

瓜

瓜是蔓生植物，种类很多，大体上可以分为果瓜、蔬瓜两种。细加分别，其名众多，再加上方言的差别，称谓就更为繁杂了。民间取瓜为吉祥物，大多笼统称之，表现在纹图上也不尽一致。瓜与葫芦一样，也具有结实结籽多、藤蔓绵长的特点，被民众视作吉祥物，也是着眼于此。

早在《诗经》的年代，瓜便成为展示、祝颂子孙众多的辞令。《诗经·大雅·绵》一诗就说："绵绵瓜瓞，民之初生，自土沮漆。"后人解释诗中的"瓜瓞"，说："大者曰瓜，小者曰瓞。"这首诗写的是周朝的先祖们像瓜瓞一样代代相续，传到周文王才奠定了王业的基础。大瓜、小瓜累累结在绵长的藤蔓上，确实是世代绵长、子孙万代的绝妙象征。《诗经》的"绵绵瓜瓞"一句话，后人简化为"瓜绵"一词，用来比喻子孙众多、后代繁盛。元人耶律楚材的诗《和冀先生韵》就说："宗亲成蒂固，国祚等瓜绵。"

由《诗经》衍化而来的这些词汇和形象，更多地被后人用作祝颂子孙万代的文辞和图画。如祝贺别人家生子的对联：

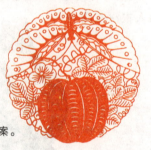

瓜瓞绵绵。
传统吉祥图案。

子孙莲房池有新苗，
楚延瓜瓞日见绵长。

美济凤毛兰荪苗秀，
谋贻燕翼瓜瓞绵长。

婚联中也有表达这一主题的，用意自然是预祝新婚夫妇早生、多生贵子。同时，这种主题也见于纹图。如"瓜瓞绵绵"，为瓜和蝴蝶（或瓜籽）的纹图，应用极为广泛。此外，许多地方都有的中秋"摸秋"习俗，所偷摸的对象也大多是瓜。

南瓜是瓜的一种，有地瓜之称。其蔓卧地而生，绵长不断。吉祥图案取其藤蔓卧地及绵长的特点，双重取意，表达吉祥心愿，诸如以天竹配南瓜的纹图叫"天长地久"，天竹、南瓜及长春花的纹图题"天地长春"，等等。

三　平安如意

中国结

　　如果说到风行当今中国的吉祥物，首屈一指的恐怕要算中国结了。近年来，它已经成了一种中国的符号，广泛流行于神州大地和海外华人聚居区；外国友人要珍藏一种可以代表中国文化的工艺品，中国结也几乎是首选。也正是由于它所具有的对中国传统文化的典型象征意义，人们给它取了一个响当当的名字——中国结。

　　结这种东西是很早就存在的，只是打结的材料和花样不同而已。见于文化史的结，最早的恐怕是结绳记事之结。结绳记事是原始人类普遍存在的文化行为，我国也不例外。《易经·系辞》记载说："上古结绳而治，后世圣人易之以书契。"这里说的结绳之举，相当于后世的立契约、写字据。具体而言，"事大大其绳，事小小其绳，结之多少，随物众寡，各执以相考（对质）"（《九家易》）。书契发展出来以后，自然无需结绳记事了，但结仍然存在于人类文化中，而且由实用到精巧美观，愈来愈意蕴深厚。

　　结在生活中的实际应用是十分广泛的，日常生活、礼俗生活中都十分常见。由于打结的材料以布帛锦缎为优，所以结更多地存在于衣饰文化中。纽扣出现之前，上衣衣襟要靠打结来闭合，下裳腰间要靠打结来维系。后来纽扣出现了，也是布帛缩成的结，民间也叫盘扣。衣服之外，佩件、家什也用到结。比如铜镜，镜钮就有穿绳结的，以便于持握。

中国结

151

明代玉佩

古人有佩带印鉴的，印钮上也要穿结。至于玉佩等，当然要穿绳结来佩带了。此外，香囊、扇坠、项链上也要用绳结。礼俗生活中的结，比如婚嫁中的结缡（也作"褵"），是母亲给出嫁的女儿系结胸前的佩巾，教诲她到了夫家要勤劳持家。传统的所谓"结发夫妻"，有的说是男子初成年的时候束发，刚束发的男女结婚叫结发夫妻。而礼俗中的另一种结发则浪漫多了，是指在成婚的良宵，新郎新娘男左女右，把头发绾成同一个髻，这种仪式叫结发，寓意深长。在岁节活动中，春节给孩子的压岁钱要用红绳穿成一串，端午节则要给孩子佩带五色的彩绳，也都用到了结。而出仕当官叫"结绶（带）"，也与结有关。至于张灯结彩的"结彩"，这"结"就更是喜气洋洋了。

　　显然，上述的结，有些已经超越实用价值，兼具装饰作用，也寓有独特的意蕴了。传统的结饰还有百结、同心结，则几乎是纯粹的吉祥装饰物。百结和同心结都是用锦带联叠回环而制成的结，一般为菱形。它们表示的都是人与人之间的相互情谊，尤其是情人之间的恩爱，凸现的是"同心"。梁武帝萧衍的《有所思》诗说："腰间双绮带，梦为同心结。"唐代诗人温庭筠的《织锦词》诗说："锦中百结皆同心，蕊乱云盘相问深。"百结、同心结这类寓意之结，实际上就是今天所说的中国结的前身，只是中国结的样式和寓意更为丰富多彩了。

　　今天的中国结，既是传统的继承，又有时代的创新。中国结大多是用一根彩绳编成，首尾衔接，一气呵成。编结时，运用绾、结、穿、缠、绕、编、抽等技巧，章法循环有致，连绵不断。根据形状和组合等，中国结有许多品类名目，而且又各有吉祥寓意。诸如古钱结、磬结、卍字结、吉字结、盘长结、鲤鱼结、蝙蝠结、如意结、藻井结、法轮结、蜻蜓结、龙形结、绣球结，等等。这些独立的结，本身大都就有吉祥寓意，如卍、喜、古钱、磬、盘长、如意等本身就是吉祥物。这些单独的结相互组合，表意就更为丰富。比如吉字结、磬结与鲤鱼结组成的结，寓意吉庆有余；蝙蝠结和古钱结组成的结，寓意福在眼前……此外的组合结还有长寿安康、四季如意、福寿双全、方胜平安、好事成双、团圆美满等。

　　为什么我们中华民族要用结来表达自己的愿望呢？这也许关涉着我们的民族性格和心理。我们中华民族向来十分注重人际关系，重群体而轻个体，而联系人群就不能不用到"结"，由此，中国结也就成了我们小自情侣、朋友、家庭，大到民族、国家的友好团结的象征。与此同时，回环缩联的结还有绵延不断、圆通完满的寓意，由此，中国结又成为体现我们祈祝国运绵长、民生美满的愿望的象征。

　　中国结在现实生活中的运用十分广泛。它最多的是以实物的形式出现，用红锦带扎成，下有飘穗，上有系扣；中间的结有单一的，也有几个结组合成大结的。一般用于挂饰，也有应用于衣服缀饰或其他物件的配饰的。此外，中国结还以图案的形式出现，尤其是多用于春节贺年卡、工艺挂件等。而所有的中国结装饰，几乎都有吉祥寓意，并与特定的

同心结

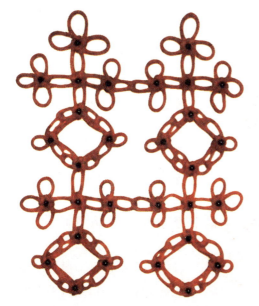

中国结编成的"喜"字

背景和场合而浑然一体，意味深长。婚帐的帐钩上装饰盘长结，寓意两情相依、绵长永久；佩玉上装饰如意结，寓意称心如意、万事遂心；扇子上装饰吉祥结，寓意吉人天相、大吉大利；剑柄上装饰法轮结，寓意如轮飞转、惩恶扬善；书架上装饰藻井结，寓意学识渊博、文藻富丽；台灯上装饰绣球结，寓意工作顺利、前程似锦……

153

爆　竹

　　爆竹并不像许多吉祥物那样具有多么深厚的寓意，但它无疑是我们中华民族最为响亮、普遍的吉祥物。它从最初的驱怪到辟邪再到祝吉贺喜，已经深深渗透到我们的礼仪生活和日常生活之中，随时随地就会火爆爆地绽放开来。

　　最初的爆竹是名副其实的，那就是焚烧竹竿，使之爆裂。相传那时有一种叫"山　"（也作山臊、山魈等，后来也有干脆叫"年"的）的怪物，经常乘人不备来偷吃东西，而人们要是冒犯了它就会得寒热病。但这个怪物害怕火，也害怕声响，听见噼啪之声就会逃之夭夭，所以人们把竹子扔到火里来惊吓它。而这种方法是一位仙人在某年的除夕指点的，所以后来人们就在一年新旧之际的除夕、元旦来燃爆竹，以祈求一年辟邪祛害。南朝梁人宗懔的《荆楚岁时记》记载了这种习俗："正月初一……鸡鸣而起，先于庭前爆竹、燃草，以辟山臊恶鬼。"此后，爆竹逐渐脱离原始的机理，开始与火药结缘。到唐宋时期，用纸卷火药制成的爆竹已经广泛存在。宋人孟元老的《东京梦华录》说："（皇帝）驾登宝津楼，诸军百戏呈于楼下……忽作一声如霹雳，谓之爆仗……"在这里，爆竹已经不复原始的情形，用意似乎也更多的是庆祝和娱乐。

年年有余。传统吉祥图案。

爆竹有很多别名。早期也叫爆竿，竿也就是竹。后来又叫爆仗，相传是因为皇帝御前的供奉都叫"仗"，所以爆竹也就叫成了爆仗。又叫炮仗，与炮联系，显然已经是装卷火药无疑了。爆竹的另外一个名称鞭炮，是许多头小爆仗编结而成的大串，所以也叫"编炮"；而叫鞭炮，也许是从声音上着眼来命名的，因为鞭梢（旧时多是用牛皮做成的）凌空可以抽出脆生生的响声来……而装满爆竹的种类名目，很早就有

放爆竹。民间春节剪纸。

许多，诸如二踢脚、麻雷子、钻天猴、窜天鼠、滴滴金、大地红等等（有的已与烟火结合了）。这些名目，有的是质朴的写实，有些本身就有吉祥取义。宋代杭州有一种装有五色纸钱的爆竹，大年初一开门时燃放，爆竹爆发，五色纸落地，这叫"满地踏金钱"，吉祥的寓意再明显不过了。

爆竹自从脱离了原始功能之后，逐渐具备了娱乐、庆贺的功能。最常见的当然也还是在春节期间燃放，大约进入腊月即零星燃放，到元旦、元宵形成两个高潮，一直到正月尽乃至二月二才日渐寥落。其他节庆

爆　竹

竹报平安。民间年画。

活动中，燃放爆竹也是常有的事。此外，婚嫁、建屋、开业以及其他值得庆贺的时候与场合，也都要燃放鞭炮。此时，热热闹闹的爆竹声已经绝无"辟山臊恶鬼"的意思，而是充满了庆贺与祝愿；爆竹燃放后落下的一地红屑，也仿佛天降花雨，充满了喜气……

爆竹也并不只是用来燃放的，还有装饰性的爆竹。这种爆竹有真的，更多则是模拟的。用的总是编炮，可大可小，但总是成双成对，鲜红夺目。它可以作为节日、尤其是年节的装饰，也可以作为日常的装饰。装饰性的爆竹有单独应用的，但更多的是综合应用，即与其他吉祥物构成组合性的装饰工艺品，比如与中国结、古钱、福字、生肖等组合。

爆竹也出现在吉祥图案中，比如"竹报平安"，绘童子放爆竹的纹图，应用于画稿、春联和什器上；"岁岁平安"，绘花瓶和爆竹（地下数个，瓶中竹竿挂一串）的纹图，以爆竹代表"岁岁"，应用于画稿及什器等。

灯　笼

　　灯既是一种实用品，也是一种装饰品，古代如此——灯被做成各种形状，既有实用之效，又具装饰之美；现今仍然如此——不仅在形制上美观，而且在色彩上绚烂。灯笼作为灯的一种，也是如此。

　　灯笼是以纱、葛或纸做成笼罩，里面燃烛，是一种防风的照明用具。电灯出现以前，无论是蜡烛还是油灯，室外使用时都需要防风，由此而诞生了灯笼。明人徐矩所著《事物原始》说："灯笼一名篝烛，燃烛于内，光映于外，以引人步，始于夏时。"说灯笼始于夏代，不那么可信。但南朝宋武帝刘裕微贱时曾用过葛灯笼，事见《宋书·武帝纪》，可见此前已有灯笼。

　　灯之所以要罩上罩，最初的目的只在于防风，并无装饰的目的。不过，就如同灯一样，灯笼也很快就发展出了装饰性的功能，在罩的形制（如圆、

凤凰彩灯。苏州手工艺品。

157

正月观灯图。《雍正帝十二月令》图轴之一。

方、多角等）和装饰（包括灯架的雕刻、灯罩的彩绘等）大大讲究起来，形成了一个丰富多彩的艺术世界，被称作"灯彩"，而其突出代表就是元宵花灯。

花灯也叫彩灯，一般专指灯节元宵时张挂展示或持执耍弄的灯笼。这种灯笼并不讲究实际功用，而美观绚丽则是中心的追求。花灯不仅有几何形状的，也有仿生的，如龙、马、黄瓜、柿子，也有仿人形的。灯架的雕饰自然要讲究，但更讲究的是灯罩上的彩绘，所绘的内容有吉祥图案，有花草动物，有小说戏曲故事。有的花灯还能动起来，如"走马灯"，利用灯烛的热能嘘动纸轮转动，而纸轮所绘的人马形象也跟着转动起来，形成人走马驰的景象。这种灯在唐代已经存在，叫影灯。后世的走马灯并不专以人马为题材，戏剧、小说情节也成了它的重要内容。历代花灯有各种各样的名目，《金瓶梅词话》写潘金莲等在灯市赏灯，所见花灯就极为丰富：

> 山石穿双龙戏水，云霞映独鹤朝天。金莲灯、玉楼灯，见一片珠玑；荷花灯、芙蓉灯，散千围锦绣。绣球灯，皎皎洁洁；雪花灯，拂拂纷纷。秀才灯，揖让进止，存孔孟之遗风；媳妇灯，容德温柔，效孟姜之节操。和尚灯，月明与柳翠相连；通判灯，钟馗共小妹并坐。师婆灯，挥羽扇，假降邪神；刘海灯，背金蟾，戏吞至宝。骆驼灯、青狮灯，驮无价之奇珍，咆咆哮哮；猿猴灯、白象灯，进连城之秘宝，玩玩耍耍。七手八脚螃蟹灯，倒戏清波；巨口大鬐鲇鱼灯，平吞绿藻。银娥斗彩，雪柳争辉……转灯儿一来一往，吊灯儿或仰或垂。琉璃瓶映美女奇花，云母障

并瀛洲阆苑……

元宵花灯自然吉祥喜庆，但有一定的时限。作为日常吉祥物的灯笼，并没有元宵花灯那样繁杂的花色品种，一般都是比较规整的形制，或圆或方（多角），灯架有竹木的，近些年也有金属、塑料的；灯罩用料或纸或纱或绢，也有料丝灯（用玛瑙、石英等做原料抽丝制成）、羊角灯（用羊角和牛蹄制成，是玻璃使用之前最透明匀净的一种灯），晚近出现玻璃灯。灯罩上大多描绘吉祥图案，特殊场合所用的写相应的字——如寿诞写寿字，婚庆写双喜。

说到灯笼，就不能不提宫灯。顾名思义，宫灯是封建社会皇宫中所用的灯。但发展到后来，民间也仿照其样式制作灯笼，广泛使用起来。各种造型的宫灯与我国古代宫殿建筑以及其他传统建筑极为协调，悬挂或陈设在室内外，十分典雅美观。宫灯一般用珍贵的花梨、红木、紫檀等贵重木材作为灯架，镂空透雕出各种图案，再镶上纱绢或玻璃，并在其上彩绘人物、山水和花鸟等。宫灯的形式有八角、五角、六角，有的灯架上端加灯檐，也有做成亭子形的。常年悬挂或陈设的灯笼，大多是宫灯形制的。只是由于贵重木材的缺乏，如今一般的宫灯以普通木料等代替了红木。

灯笼的运用极其广泛，尤其以实物应用为多。节庆场合张挂自不必说。比如春节、新年、国庆在大门、檐前挂灯笼，每年的这些节日，我们都能在机关单位和普通民户的门口、檐前看到这样火红的灯笼。平常乃至一年四季长期张挂，这样的灯笼往往较少实际作用，完全用于装饰。有的小灯笼，则与其他吉祥物组合，成为装饰性工艺品，甚至单独作为链坠等等装饰。灯笼的图绘当然也有，但由于它本身极强的装饰性和易于应用，所以似乎比其他吉祥物要少。图绘的灯笼大多与节庆有关，比如黑板报或墙报，每逢节庆，就绘红灯笼的图案，有的还在灯笼上写"庆祝国庆"、"庆祝春节"等应时节的口号。此外，灯笼形的工艺品甚至实用品也不少，比如漏窗、围墙作出灯笼形的图案，铁艺的门墙、护栏铸出灯笼的图案，等等。

清代红木宫灯

如 意

如意作为中国吉祥物，几乎是尽人皆知的。关于它的起源，说法却颇不一致。一种说法说如意是朝臣或军旅的器用。魏晋时士大夫、高官执用如意，

玉如意

柄端作心形，用骨、角、竹、木、玉石、铜铁等制成，拿在手里用来指指划划。《竹林七贤图》中的王戎，手里就执着一柄如意；晋代殷浩的熟人作了一篇赋，王恭读了之后，不语不笑，只是用如意"帖之而已"。这说明，如意在六朝时就已经比较普遍使用了。宋代，御前禁卫手执"骨朵子"，宋人孟元老的《东京梦华录·元宵》记载说："两边皆禁卫排立，锦袍，幞头，簪赐花，执骨朵子。"骨朵是古兵器，在三十六般兵器中为棍棒之属，大的一端就像蒜头，用铁或者坚木制成，亦称"胍肫"、"胍肫"。用于仪仗中的骨朵也叫"金瓜"，元人张昱《辇下曲》的第十九首中有这样的诗句："卫士金瓜双引导，百司护醉早朝回。"其实，这种器物晋代时就已存在，铁制的人称"铁如意"，《晋书》至少有两处记

如意。故宫藏品。

述到它。一是《王敦传》："每酒后辄咏魏武帝乐府歌，以铁如意击唾壶为节，壶边尽缺"；一是《石崇传》："（武）帝每助（王）恺，尝以珊瑚树赐之……恺以示崇，崇便以铁如意击之，应手而碎。"只是这里的铁如意不过是一般的器物，没有列入仪仗用具里。

关于如意的另一种起源，与佛教有关，说如意是随佛教自印度传入的佛具之一，梵语称"阿那律"。佛教有六观音，其一为"如意轮观音"，手持如意宝珠和轮宝，分别满足众生祈愿和转法轮。显然，这里所说的如意宝珠应该是圆形，只是有"如意"的寓

如意头。辽代青玉镂雕刻品。

意，形状和我国本土的如意差别极大。此外，佛家习俗，和尚宣讲佛经时手持如意，在其上记经文，以备遗忘，所谓"佛具之一"，应当是指这种东西，它虽然更像古时官员手执的笏，但却要比如意宝珠更像一般的如意。

还有一种说法，说如意源于最普遍的"痒痒挠"，也就是古代的爪杖。清人历荃的《事物异名录》引用《稗史类篇》说："如意者，古之爪杖也。或用竹木，削作人手指爪，柄可长三尺许。或背脊有痒，手不到，用以爬搔，

如意锦纹对盘。明代瓷器。

如人之意"，故而得名"如意"，也叫"不求人"。关于这种器具的起源，有人上溯到战国时代，宋人高承的《事物纪原》说："吴时，秣陵有掘得铜匣，开之得白玉如意，所执处皆刻螭彪蝇蝉

吉祥如意。传统吉祥图案。

等形。胡综谓秦始皇东游，埋宝以当王气，则此也。盖如意之始，非周之祖，当战国事耳。"

晚近的如意与古时候的爪杖、如意形制相近，可以看作是它们的遗制。不过，它的长度变短了，不过一二尺，前端大部分是芝形、云形，多用铁、金、木犀、水犀、白玉、珊瑚、竹根制作，以供赏玩。因为它的名字很吉祥，所以世人十分珍重。在清代，如意不仅是普通人的用具，更是贵绅大家妇人小姐的身边珍物，也可以用作一般礼品，还可以用来贺婚、祝寿。《红楼梦》第十八回写到贾母接受人送的礼品："原来贾母是金玉如意各一柄……"孔子第七十七代孙女孔德懋出嫁时，嫁妆中最要紧的就是如意。孔德懋著《孔府内宅轶事》记载此事说："小弟十五岁那年，我结婚了，结婚前三天，小弟给我'过礼'（送嫁妆），在数百抬嫁妆中，头一抬就是大楷木如意"，"孔府有两件祖传的无价之宝——两个像写字台那样大的楷木如意"，"楷木如意是孔府赠送贵宾的一种特有的礼物"。

如意不仅以实物的形制出现，同时更多地影响了造型工艺和传统图案。如意的端头叫做"如意头"，大多为心形、芝形、云形的，建筑、家具、什器、衣物多有取其形制者，如栏杆上端、桌椅腿脚、箱柜铜饰角花、衣服缀贴角花以及其他物什的角花、耳饰等，应用极为广泛。吉祥图案取如意为素材的也极多，单一的如各式各样的如意头，组合的纹图也不少，比如：

平安如意——瓶中插有如意或瓶耳为如意形的纹图。

事事如意——两个柿子（或狮子）与如意的纹图。

吉祥如意——童子（或仕女）手持如意骑着大象的纹图。

和合如意——盒子、荷花与如意的纹图。

八　宝

　　顾名思义，八宝就是八种宝物。这是运用多种宝物综合表意的宝物组合，意义丰富，适用非常广泛。更需要特别指出的是，民间、佛教、道教都有八宝，相互间也不无交叉、影响，可见这种组合受人喜爱的程度。八宝中的宝物，大多也以单独的形式作为吉祥物而存在，因此，它们的组合就可以看作人们诸般心愿的集大成体现，八宝也就成为集大成性质的吉祥物了。

　　佛教的八宝也叫八吉祥，包括法螺、法轮、宝伞、白盖、莲花、宝瓶、金鱼和盘长。八吉祥是佛家的法物，各有各的寓意和作用。据《北京雍和宫法物说明册》记载："法螺，佛说具菩萨果妙音吉祥之谓；法轮，佛说大法圆转万劫不息之谓；宝伞，佛说张弛身如曲覆众生之谓；白盖，佛说遍复三千净一切药之谓；莲花，佛说出五浊世无所染着之谓；宝瓶，佛说福智圆满具完无漏之谓；金鱼，佛说坚固活泼解脱禳劫之谓；盘长，佛说回环贯彻一切通明之谓。"八件法物中的第一件是法螺，意思是"妙音吉祥"，所以总称"八吉祥"，也叫"八吉"。八吉祥的纹图是我国的传统图案之一，应用于家具、什器、建筑，其中以建筑为最，尤其多用于寺庙、宫殿。

　　道教的八宝，其实是八仙手中所持之物，所以也叫暗八仙。暗八仙分别是：鱼鼓，张果老所持宝物，能卜卦占星、灵验

八吉祥。传统吉祥图案。

斗彩暗八仙寿桃纹盘。清代瓷器。

生命；玉笛，韩湘子所持宝物，有妙音萦绕、万物生灵之能；宝剑，吕洞宾所持宝物，有天遁剑法、威镇群魔之能；葫芦，铁拐李所持宝物，能炼丹制药、普救众生；花篮，蓝采和所持宝物，篮内神花异果能广通神明；紫板，曹国舅所持宝物，仙板神鸣能令万籁无声；芭蕉扇，汉钟离所持宝物，玲珑宝扇能起死回生；荷花，何仙姑所持宝物，出泥不染，能修养身心。道教暗八仙的运用，大体上与佛家八吉祥相同。

民间的八宝至少有数种说法，最常见的两种，一种说法指宝珠、古钱、玉磬、犀角、珊瑚、灵芝、银锭、方胜，一种说法指宝珠、方胜、磬、犀角、金钱、菱镜、书本、艾叶。两种说法大部分重合，只有小部分不同。另一种说法差别较大，为和合、玉鱼、鼓板、磬、龙门、灵芝、松、鹤。此外可纳入八宝中的物什，还有祥云、书画、蕉叶、鼎等。这说明，八宝不过是民众综合表达吉祥愿望的宝物组合，只要是八种宝物就成，并无严格的规定。八宝集合的图案叫八宝图（佛教、道教的也叫八宝图），广泛地应用于家具、什器、建筑。比如，刻绘在堂内挂落、隔间屏风上，雕镂在门楣砖壁上，刻镂在门扇裙板上，等等。

八宝图

古　钱

　　古钱也就是古代的铸币，人们最熟悉的形制是圆形方孔的铜铸钱。其实，钱最早是一种农具。《诗经·周颂·臣工》一诗里曾说："命我众人，庤乃钱镈。"宋魏了翁的《古今考》解释说："《诗》所谓钱，盖农器也。"徐光启的《农政全书·农器》指出："兹度其制，似锹非锹，殆与铲同。"这就是说，钱本来是一种和铲的形状差不了多少的农具。古人曾用这种农具作为交易的媒介，后来铸币就仿照它的形状，作为货币的钱就这样诞生了。再后来模仿陶纺轮或璧环而制作"圜钱"（亦称"圆钱"），有圆形圆孔和圆形方孔两种。后者的形状"外法天，内法地"，取义精宏，起于战国晚期。秦始皇统一货币时，也将六国的货币统一为这种形制，其后一直沿用长达两千余年。

　　铸成圜钱形或其他形状的古代铸币，也叫做"泉"或"泉布"。《周礼·天官》注说："其藏曰泉，其行曰布。取名于水泉，其流行无不遍也。"就是说，"泉"的名称取意于泉水的流行周遍，体现了货币作为流通媒介的特性。

　　不过，在我国这个传统上"言义不言利"的国度，钱的处境有时颇为尴尬。它被指称为"孔方兄"、"阿堵"，表示了人们藐视钱财的思想观念。晋朝的鲁褒写过有名的《钱神论》，用来讥刺贪鄙。优伶滑稽者流也借讽喻以刺贪劝世，有名的如"钱眼内坐"故事：南宋张俊以好利著称，宋高宗宴会时，优伶言能在钱眼中窥人，看出他是怎样的星。让窥高宗，说是让帝星；让窥秦桧，说是相星；让窥张俊，说看不见星。众人很吃惊，让其再窥，那人说只见张郡王于钱眼内坐（事见明田汝成《西湖游览志余》）。然而，钱

秦半两钱

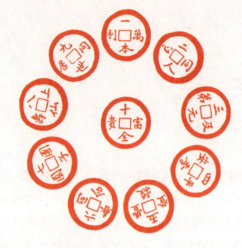

十全图。传统吉祥图案。

财毕竟是财富的象征，是人们心向往之的东西。况且，民众取钱为吉祥物，并非仅仅着眼于钱的财富之意，用意要宽广很多。在这里，钱成为吉祥物，最主要的方法是谐音取意，途径有三：

"钱"与"前"同声同韵，铜钱上的孔又称眼，二者组合，成为"眼前"之意。由此，钱与其他事物相组合，成为"×在眼前"，诸如蝙蝠和古钱的纹图叫"福在眼前"，喜鹊面前有古钱或古钱与喜字的组合叫"喜在眼前"。此外还有"金玉满堂"，是树枝上挂古钱的纹图。

钱古称泉，"泉"与"全"同音，两枚古钱意为"双全"，十枚则称"十全"。与其他事物组合，就成为"××双全"。如"福寿双全"，是蝙蝠衔着用绳穿起来的篆书寿字和两枚古钱的纹图，或蝙蝠、桃和两枚古钱的纹图。此外有"十全富贵"，是牡丹配以十枚古钱的纹图。

古钱也可以独立构成图画或纹样。许多钱用贯（绳）穿起来的纹图叫"连钱"，十枚铸有特定祝吉钱文的古钱在一起叫"十全"（钱文为：一本万利，二人同心，三元及第，四季平安，五谷丰登，六合同春，七子团圆，八仙上寿，九世同居，十全富贵）。这样的情形，我们今天也多能见到，尤其是春节时店铺里悬挂的钱与爆竹、盘长合在一起的装饰，比比皆是。此外，许多古钱双叠的图案叫"古钱套"，可以用作底图。瓷器传统装饰纹样又有"钱纹"，流

 清代厌胜钱

行于宋代，用于装饰盘、碗的边沿或瓶、罐的肩部、腹部，可以兼作辅助纹样和主题纹饰。

作为吉祥物，钱也与一定俗信结合，以实物的形态出现。旧有"厌胜钱"，是小儿佩戴的品物，形似钱币，上有文字、肖形或图绘，人们认为佩戴它可以压伏邪魔。民间没有特制的厌胜钱，就用普通古币

清代莲花形长命锁

代替，缝在衣襟、肩头（有的还加上鞭炮、蒜瓣等）。旧时，小儿满月开始佩戴的"长命锁"，有用积累百家之钱购买金银打制者，有用敛来的铜钱打制铜质者，也有将古钱用红线穿在一起的，用来驱邪锁命、保佑婴孩健康成长。民间又有春节在饺子里包钱的习俗，这种习俗时至今日依然存在，只是古钱变成了镍币。

银　锭

银锭是我国古代民间自由铸造的银块，其品位轻重大小都无定制，交易时称其重量，检其成色。银锭种类不一，大概有元宝锭（或称马蹄锭）、中锭（小元宝锭）、小锞（形似馒头）三种，此外尚有碎银、银条、滴珠等。

我国民间习惯称银锭为元宝，其实元宝只是银锭的一种。据说，战国时代铸币上的文字有"宝货"，秦汉时期为"半两"、"五铢"，到唐代时"宝"字又逐渐多见起来，有"开元通宝"、"乾封泉宝"、"乾元重宝"。五代后晋天福三年（938）十一月，石敬瑭诏铸钱以"天福元宝"为文，至此才有了"元宝"钱文；宋代又有"淳化元宝"。此后，元宝逐渐成为较大较重的银锭的别称。因为元宝形似马蹄，所以又称马蹄银、马蹄锭。

古代银条

银锭作为财宝，被人看重自不必说，它作为吉祥物，则又有一番讲说。旧时文官考试之前，友人常赠笔、锭胜糕（元宝形的饼）、粽子，取意"必定高中"，也有叫"必定如意"的。这里，几个字都是谐音取意，虽然没有出现银锭，但锭胜糕则是银锭形状的。吉祥图案中表达"定"的意思，也多取银锭为比拟物，用的也是谐音。"必定如意"另外的表达法便是笔、灵芝（或如意）和银锭的纹图。《红楼梦》第十八回写贾母接受礼品道："原来贾母的是金玉如意各一柄……紫金'笔锭如意'锞十锭，'吉庆有余'银锞十锭。"贾母所收礼物中的锞，有银的，也有金的，上面压着文字，寓意就更直截了当了。此外，我国传统图案中还有金锭纹、银锭纹，可以用作底纹。银锭还是我国传统的"八宝"之一。

作为银锭之一的元宝，因其名称吉祥，元宝之"元"又与三元之"元"同音，所以多被绘入吉祥图案。三元的意思很多，吉祥图案中指科举考试的几个名次。一说指乡试第一名"解元"、会试第一名"会元"、殿试一甲第一名"状元"，一说指殿试一甲第一、二、三名状元、榜眼、探花。三个元宝垒在一起的纹图就叫"三元"，也叫"三元及第"。

必定如意。传统吉祥图案。

连中三元。传统吉祥图案。

瓶

　　古时候，瓶大体有三种，一是汲器，一作炊具，一作酒器，大多是铜铸的。用于陈设的瓷质花瓶，晚到宋代才开始流行。明代陈继儒的《群碎录》记载说："古无磁瓶，皆以铜为主，至唐始尚窑器。"不过，唐时瓷窑尚少。到宋代，南北各地瓷窑大量烧制青、白、黑、青白、白地黑花、白地褐花、三彩和黑地铁绣花等品种的瓶，造型有玉壶春瓶、经瓶、净瓶、梅瓶、橄榄瓶、胆式瓶、葫芦瓶、双鱼瓶等。此后，元代有八方瓶，明代有天球瓶、宝月瓶、象耳折方瓶等，清有棒槌瓶、柳叶瓶、凤尾瓶、象腿瓶、转心瓶、美人肩瓶等等，可谓形态各异，名目繁多。

　　瓶本身的造型、命名就有取意吉祥的，这里摘要介绍几种。葫芦瓶，因形似葫芦而得名，多用于陈设。葫芦与"福禄"近音相谐，又有在瓶上写"大吉"二字的，具有祈求吉祥福禄等用意。壁瓶，造型为瓶体的一面随形鼓起，另一面则是平坦的，宜于平贴着挂在墙上，花纹装饰多寓有吉庆之意。九桃瓶，是宫廷陈设瓷器，造型为直颈、圆腹、圈足，瓶体上粉彩描绘枝叶繁茂的树干，干上结缀硕大的桃子九颗，寓意"福寿长久"。佛家"八吉祥"中有宝瓶，《雍和宫法物说明册》说："宝瓶，佛说智慧圆满具完无漏之谓。"又有甘露瓶，直口大肚，瓶肚或往下越收缩，底部是座。佛家的这种瓶常被塑在观音像旁插供柳枝，是观音盛圣水甘露普救众生的。在道家，这种瓶则是太乙救苦天尊左手的宝物，也是用来拯救众生的。

　　此外，古代也不乏宝瓶灵异一类的仙话。《河东记》就记载了这样一个故事：唐代贞元年间，扬州忽然来了一个乞丐，自称姓胡名媚

甘露瓶。清代瓷器。

169

平安如意。传统吉祥图案。

儿，形貌颇为怪异。一天早晨，他从怀中拿出一个琉璃瓶子，能装半升大小，表里通明剔透，说："施此瓶满，足矣。"这个瓶子瓶口只有芦苇管那么粗，有人给了乞丐一百钱，装进去，却见这些钱在瓶里只有米粒大小。给他千钱、万钱、十万、二十万，也都这样。有人给他骒马之类，装在瓶里，那些骒马也只不过苍蝇大小，也能行动……

作为民间吉祥物，花瓶或许有因为佛家宝瓶、道家甘露瓶而寄寓吉祥意义的成分，但更主要的是由瓶的字音而来，即以"瓶"谐"平"，取"平安"之意。吉祥图案中的瓶大都是由此而寓意吉祥的，诸如：

平安如意——瓶中插如意的纹图。

平升三级——在花瓶中插入三支戟，旁边配上芦笙的纹图。

岁岁平安——花瓶和数个爆竹（或数种新年玩具的纹图）。

镜

镜子是众所周知、众所习用的一种生活用品。上古时代，人们以水照面，因而镜子最初叫鉴。后来才叫镜，取其能照影像而名，《释名》所谓"镜，景也，言有光景也"。镜在古诗文中又叫"菱花"，这个名称大概始于唐代，因其六棱造型或背铸菱花而得名。李白的《代美人愁镜》诗有句云："狂风吹却妾心断，玉箸并堕菱花前。"镜相传为黄帝所造，《轩辕内传》说："帝会王母与王屋山，铸镜十二，随月用之，此镜之始也。"任昉的《述异记》也说："饶州俗传轩辕氏铸镜于湖边，今有轩辕磨镜石，石上常洁，不生蔓草。"

古镜用铜制作，一般为圆形，照脸的一面磨光发亮，背面大多铸有钮和纹饰。后来又有铁镜等。铜镜始盛于战国时代，形制轻巧，纹饰简单，或无纹饰、无铭文。西汉至东汉前期的铜镜逐渐厚重，纹饰有几何图案、神人和禽兽纹等，钮多作半球形或柿蒂形，铭文多为通俗的吉祥语。到唐代，除圆镜之外，开始出现菱花镜、八棱镜、带柄手镜。唐宋时期的镜的纹饰，大多是花蝶、葡萄、鸟兽、人物故事、缠枝花草、牡丹等。清代乾隆朝以后，铜镜逐渐被玻璃镜所代替。

唐飞雁衔绶镜。

　　镜向来被视作神秘之物。道家说它能照妖，葛洪《抱朴子》说："万物之老者，其精悉能记人形惑人，唯不能易镜中真形，故道士入山，以明镜径九寸以上者背之，则邪魅不敢近，自见其形，必反却走转。镜对之视有踵者山神，无踵者老魅也。"这是说，邪魅能掩藏真实面目来骗人，但在镜子里却会现出本来面目，所以道士用镜子来对付它们。这样的镜子也叫"照妖镜"，李商隐诗句就说："我闻照妖镜，及于神剑锋。"民间一般认为镜可以驱邪避祟，李时珍《本草纲目》指出："镜乃金水之精，内明外暗，古镜如古剑，若神明，故能辟邪魅忤恶。凡人家宜悬大镜，可辟邪魅。"

同偕到老。传统吉祥图案。

　　作为吉祥物，镜的首要功用也就是李时珍所说的"辟邪魅"，从消极的方向求取安宁吉祥。旧时盖房子，许多人家要在房脊上嵌镜子，这种习俗现在仍可见于我国的许多地区，或一、或三、或五，在阳光照耀下熠熠闪光。如果已经有邪魅作祟，也可以在住居的某处嵌镜子来驱邪。旧时婚嫁迎亲的时候，有新娘怀揣镜子的，有在天地桌上的米斗中放镜子的，还有在新房寝帐上装饰镜子的，其用意都是驱魔辟祟，保佑新人平安幸福。

　　镜也因其字音而被用作表达吉祥主题的素材，一是以"镜"谐"晋"，一是单取铜镜的"铜"字来谐"同"的音。前者如吉祥图案"晋爵"，绘古镜与爵的纹图；后者如"同偕到老"，绘铜镜和鞋的纹图，多见于各种婚礼用品中。另外，旧时一些地区嫁妆中必有鞋和铜镜，也是祝"同偕到老"的意思。

琴瑟

琴瑟都是我国传统的弹拨乐器，属"八音"中的"丝"。相比较来说，琴的使用、影响更为之泛。琴也叫七弦琴，最早有五根弦，周朝初年增加到七根，故名。瑟相传是伏羲创制的，传说过去二十四根弦，现在二十五根弦。瑟早期用于宫廷雅乐的演奏，常与琴合奏。现在瑟已经较少使用，琴则仍是中乐的重要乐器。

中国古代有一种特殊的阶层——士，也就是文人。这个阶层的人在社会上占有一定的地位，影响颇为深广。由于朝廷以科举取士，人们想升官发财，都要走"士"的道路，故而进入"士"阶层也就成了人们的愿望，"士"的所作所为也就成为社会风尚。旧时有所谓"四艺"，即琴棋书画（弹琴、弈棋、写字、作画），为文人风雅之事，琴居其一。同时，琴还以更多样的方式出现，展示士阶层的风尚。这只要看一组以琴为构成元件之一的词汇就可以明白：

琴书——琴和书。古代文人的榜样陶渊明《归去来兮辞》云："悦亲戚之情话，乐琴书以消夏。"

琴觞——弹琴饮酒。白居易诗《再授宾客分司》云："宾友得从容，琴觞恣怡悦。"

琴鹤——以琴鹤相随，比喻为官清廉。唐人郑谷《赠富平李宰》诗曰："夫君清且贫，琴鹤最相亲。"

战国二十五弦瑟，湖北出土。

琴剑——琴和剑，古代文士常以此随身。唐人薛能《送冯温往河外》诗曰："琴剑事行装，河关出壮方。"

琴心剑胆——琴为心，剑为胆，比喻刚柔相济，儒雅任侠，为文士风范。元人吴莱诗句写尽其意态："小榻琴心展，长缨剑胆舒。"

此类例子还可以举出好多。由于传统社会士的地位、影响以及世人对他们行为的崇尚，琴便成为受人宝重的雅物。

琴瑟结合，吉祥寓意十分明显。琴瑟同时弹奏，其音和谐，所以多用来表现人伦关系。琴瑟表示朋友、兄弟情义的融洽，曹植《王仲宣诔》说："吾与夫子，义贯丹青，好和琴瑟，分过友生"，讲朋友之谊；潘岳《夏侯常侍诔》："子之友悌，和如琴瑟"，谈手足之情。琴瑟更主要的是表示夫妇和好，南齐王融诗《和南海王殿下咏秋胡妻》之一说："且协金兰好，方愉琴瑟情"，讲的就是夫妇好合。后世常以"琴瑟调和"等吉祥话祝颂新婚夫妇。婚联中以琴瑟祈求、祝颂夫妇和谐的就更多了。最简单的如在洞房门口贴一副从《诗经》中摘句而来的喜联"琴瑟友之，钟鼓乐之"，此外如：

琴瑟在御，凤凰于飞。

乾坤交泰，琴瑟和谐。

旭日芝兰秀，春风琴瑟和。

鸣琴乐佳偶，鼓瑟缔良缘。

鸳鸯相戏水色美，琴瑟谐弹福音多。

鹤舞楼中玉笛琴弦迎淑女，
凤翔台上金箫鼓瑟贺新郎。

听琴图。宋代赵佶绘。

173

笙

　　笙是一种簧管乐器。因为笙竽一类乐器用匏做底座，上设簧管，所以属传统八音之一的匏类。"八音"是我国古代对乐器的概称，分别指依据所用质料区分的八种类型的乐器：金、石、丝、竹、匏、土、革、木。钟为金，磬为石，琴瑟为丝，箫管为竹，笙竽为匏，埙为土，鼓为革，柷、敔为木。据传，笙是神话人物女娲所制。《世本》说："女娲作笙簧。"《隋书·音乐志》说："笙、竽，并女娲之所作也。"笙在商周时代已经流行，《诗经·小雅·鹿鸣》有云："我有嘉宾，鼓瑟吹笙。"又，周朝时有笙师，执掌音乐，《周礼·春官》谓"笙师：掌教龡竽、笙、埙、籥、箫、篪、篴管、舂牍、应、雅，以教祴乐"。笙由簧片、簧管、笙斗、吹口和腰箍等部件构成。常用的有13簧、14簧等几种。古有匏笙、巢笙。匏笙以匏为座；巢笙为大笙，簧管多达19种。又有芦笙，为苗、侗、水、彝、仡佬、拉祜等少数民族的簧管乐器，形制较为简单。

　　笙的音声浑厚、优美、典雅。它与磬配合。奏出的声音和谐美妙，故有"笙磬同音"之语。《诗经·小雅·鼓钟》说："鼓瑟鼓琴，笙磬同音。"后人用这句话来比喻人际关系的融洽。《旧唐书·房玄龄杜如晦传赞》说："笙磬同音，惟房与杜。"由此生发，笙磬同音便成为一种祝吉语，比如祝福夫妻和谐、友朋融洽。此外，"笙"字的读音与"升"相谐，谐音取意，多被用于吉祥图案，表示升腾、发达的主题。此类图案如"平升三级"，为花瓶中插入三枝戟，旁边配笙的纹图，应用于画稿、文具、家具、什器等。

平升三级。传统吉祥图案。

磬

　　磬是传统的敲击乐器，属八音中的石类。磬起初为玉、石雕成。《尚书·禹贡》云："泗滨浮磬。"这是说泗水河边有可以做磬的石头，后来的磬也有用金属铸的，宋王黼等所著《博古图》记载道："今兹之磬，非玉非石，乃铸金而为之。"磬的发明者不像笙那样，众口一词，都说是女娲，而是众说纷纭。《事物纪原》卷二说："《说文》曰：无句氏作磬。《世本》亦云；又曰：磬，叔所造，不知何代人。《古史考》曰：尧时人也。《乐录》曰：磬，叔所作。《礼记》曰：叔之离磬。《皇图要纪》曰：帝喾造钟磬。《通礼义纂》曰：黄帝使伶伦造磬也。"这些文献中指出了好几个人，对此我们也不必穷究了。

　　磬的形状如折尺，所以有"磬折"一语，是说乐声悠扬婉转，也指身体偻折如磬。磬的起源也较早，周朝时设有磬师，和笙师一样，也是职掌音乐的，只不过所司为敲编磬、编钟，教缦乐燕乐。我国古磬大体有两种，一为"特磬"，也叫"特悬磬"，因为仅仅悬挂一面来敲奏，故称。一为"编磬"，由许多不同音阶的磬有秩序地编排悬挂在"月"形的木架上组成，常见的编磬由十六枚组成。此外，佛寺的法物有磬，是状如云板的鸣器，用来敲击以

击磬图。汉画拓片。

175

集合僧众；又有钵形的铜乐器，亦称磬。佛寺中的渔鼓（俗称木鱼），有时也称作"鱼磬"。

磬是"五瑞"之一，也是"八宝"之一，其本身便有吉祥寓意。笙与磬合奏，称"笙磬同音"，是祝颂和谐融睦之辞。磬又与"庆"同音，敲打磬的"击磬"与"吉庆"同音，故而磬常被用来表现吉庆、喜庆、庆祝、庆贺的意思，或用作饰物，或绘入图画。旧时，磬常被用作喜庆礼仪的装饰品。在吉祥图案中，单绘铜磬，称"普天同庆"；绘花瓶中插戟、上挂

吉庆有余。传统吉祥图案。

鱼磬的纹图，或击磬童子与持鱼童子戏舞的纹图，题"吉庆有余"。这些图案多见于家具、什器、文具、建筑等。

笏

如今的古装电视剧时现荧屏，人们对笏大概早不陌生。笏是朝官的一种用具，是古代官吏上朝或谒见上司时所执，用来记事。《宋书·礼志》说："笏者，有事则书之。"古代自天子至士皆执笏，后世只有品官才执，到清代废止。相传笏始于周代，后来又叫"手板"。《事物纪原》引用《唐会要》说："笏，周制也"；又说："晋宋以来，谓之手板"。笏的形制、质地因官品的高下而有所区别，《礼记·玉藻》说："笏，天子以球玉，诸侯以象，大夫以鱼须文竹，士竹木。"《事物纪原》说："西魏以后，五品以上通用象牙。武德（唐高祖年号，618～626）四年七月六日，诏五品以上象笏，六品以下竹木笏。

明代象牙笏板

旧制，三品以上前挫后直，五品以上前挫后屈；武德以来，一例上圆下方也。"

笏是官阶、职权的标志，也就是地位、财富的象征，当然要受人们的歆羡和宝重，其本身也就被罩上了祥瑞的氛围。民间有所谓"五瑞图"，其中就有笏（其他为磬、鼓、葫芦、花篮）。古来关于"五瑞"说法不一，有指五种玉石的，如《白虎通·文质》说："何谓五瑞？谓珪、璧、琮、璜、璋也。"有指五种祥瑞之物，如汉代李翕《郙池五瑞碑》以黄龙、白鹿、嘉禾、木连理、甘露为五瑞。

笏是官员的专用品，所以实物就不能作为吉祥物而广泛运用。但在吉祥图案中，笏却是可以运用的。尤其是与笏有关的传统年画，就更可以大用特用了。有一部传奇叫《满床笏》（清初戏剧家范希哲作），说的是唐代郭子仪一家七子八婿均位列高官，郭六十大寿时，他们前来祝贺，朝笏堆满床。后来这出戏常被用来祝寿，也以画作的形式用来祝寿或者日常张贴，借喻家道昌盛、富贵寿考。

满床笏。传统版画。

177

戟

戟是古代的一种兵器，组合戈、矛为一体，兼有戈之用于钩、矛之用于刺两种作用。《诗经·秦风·无衣》说："修我矛戟，与子偕作。"后世戟成

战国时楚国的戟

为官阶武勋的象征，显贵之家被称作"戟门"、"戟户"。唐代制度规定，官、阶、勋三方面都达到三品的人家可以立戟于门，因称其门为"戟门"，称其家为"戟户"。高适《同郭卜题杨主簿新应》诗说："向风扃戟户，当署近棠阴。"白居易的《裴五》诗也说："莫怪相逢无笑语，感今思旧戟门前。"

作为吉祥物，戟当然也继承借用了戟门、戟户中的意义。同时，"戟"音与"吉"音相谐，用来表达"吉祥"的意义。旧时，祝颂亲友官运亨通的颂辞有"平升三级"，表现为图案就是花瓶中插三枝戟、旁边配以芦笙的纹图，见于画稿、文具、家具、什器，尤以清代瓷器为多。此外有"吉庆有余"，是花瓶中插戟、戟上挂着鱼磬的纹图。这种组合不仅以图案的形式出现，也以实物的形式见于婚嫁喜事，祝颂吉祥。

吉庆多福。传统吉祥图案。

爵

爵本来是古代的饮酒器，相当于后世的酒杯。它的形状为圆腹，前有倾酒的流，后有尾，旁有鋬，口上有两根短柱，下有三个高足。也有少数爵为单柱或无柱。最早的爵当为青铜所铸，盛行于商和西周，尤以商代最多，春秋战国时已经很少见。《诗经·小雅·宾之初筵》说："酌彼康爵，以奏尔时。"又《礼记·礼器》说："宗庙之祭，贵者献以爵。"可见爵并非一般的酒杯，而是只适用有一定地位的人。由此，爵的另一个意义为"爵位"，《礼记·王制》说："王者制禄爵，公、侯、伯、子、男五等。"后世说到爵，大多是指爵位、爵禄。

作为礼器的爵本身就是较高地位的象征，由此引申的爵位、爵禄更是人们所歆羡与企盼的，因而爵便成为象征、祝愿官运亨通、飞黄腾达的吉祥物。几案陈置一尊古代的青铜爵，既标志主人地位的显赫、家道的昌盛，又可以供品赏清玩。赠人以爵，祝颂的意义更加显著。然而，爵毕竟不是多见之物，因而它更多是以图纹的形式来表达主题。单独绘爵，题为"晋爵"；爵与古镜的纹图也叫"晋爵"，因"镜"谐"晋"音；童子向天官进献爵的纹图，叫"加官晋爵"。

殷墟出土的兽面纹爵

加官晋爵。
传统吉祥图案。

179

鼎

　　鼎本来是古代的一种金属烹饪器具。《玉篇》说："鼎，所以熟食器也。"鼎最常见的构架为三足、两耳。《说文解字》说："鼎，三足、两耳，和五味之宝器也。"鼎又因形制的细微差异而分成多种，如盖鼎（相对于无盖而言）、圆鼎、方鼎等。鼎历史上传下来的实物不少，今天也时有新鼎铸造出来，可以说是为国人所熟见。

　　相传鼎为黄帝创始，《事物纪原》说："《史记》、《黄帝内传》、《钟繇疏》皆云黄帝采首山之铜，铸鼎于荆山。此鼎之始也。"黄帝铸鼎，不过是用来煮熟食品。后来加以附会，鼎则成为记录、旌表勋绩的礼器，传国的重器，所谓"后至夏禹复铸以象物"。《白氏六帖》说："黄帝作鼎三，象天、地、人。禹收九牧之金，以铸九鼎。"（《事物纪原》）也就是说，夏禹之世，人们以鼎为特定的象征物，比如以三鼎象征天、地、人，以九鼎象征九州。《左传》宣公三年说："昔夏之方有德也，远方图物，贡金九牧，铸鼎象物，百物为之备，使民知神奸。"由此，鼎成为镇国之宝、传国重器，成为国家主权、版

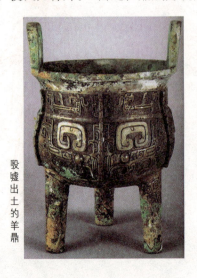

殷墟出土的羊鼎

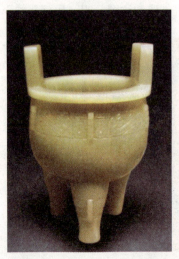

清代玉鼎

图等的象征，置于国都。汉语有"鼎祚"、"鼎运"等词，都是以鼎代国，指国祚、国运；宏图大业、帝王之业称鼎业。又有"问鼎"的典故，事见《左传》。《左传》宣公三年记载："楚子伐陆浑之戎，遂至于雒，观兵于周疆。定王使王孙满劳楚子，楚子问鼎之大小轻重焉。"鼎为传国之宝，问鼎的轻重大小，也就是觊觎王位、图谋霸业。《晋书·赫连勃勃载

山河九鼎。传统吉祥图案。

记》说："自皇晋失统，神器南移，群雄岳峙，人怀问鼎。"这里的"人怀问鼎"就说明当时各种势力纷纷争雄中原的混乱局面。由此推进，定都或建立王朝被称作"定鼎"。《左传》宣公三年说"成王定鼎于郏鄏"，指定都；南宋颜延之诗《三月三日曲水诗序》说："高祖以圣武定鼎……"指建国。

　　鼎既然是镇国之宝、传国重器，是神器，当然便可以由此引出许多正面的意义来。如：称大力为"鼎力"，称重臣为"鼎臣"，称三公、宰相一类的高位为"鼎席"，称才能出众、罕有匹敌的才干为"鼎能"，称豪门巨族为"鼎姓"、"鼎族"、"钟鸣鼎食之家"。这样，鼎也就成为寓意吉祥之物。鼎自从失去烹饪功能而变成礼器之后，就失去了实用的意义，成为摆设、玩赏之物。铸造体积小、可玩于掌上的金鼎、鎏金鼎，既可赏玩，又可以表达吉祥意义。另外，鼎也见于吉祥图案，如"山河九鼎"，为山河交织之中绘有九个形状各异的鼎的纹图，意在祝颂国家的基业大盛、运祚昌达，多见于宫廷雕刻、图绘。

　　今天，铸鼎之事也仍然不绝于书。大概情形有两种。一种是公铸的用以纪念重大历史事件的鼎，这种鼎一般形体较大，规格也高，上有铭文，如纪念香港回归十周年之鼎。另外一类是民间自铸的，比如大公司铸鼎作装饰，庄重、大气，自然也有繁荣昌盛的吉祥意义；一般的工艺品小鼎，收藏价值之外，当然也考虑到了它的吉祥意义。

寿 石

　　"寿石"实际上是石头的雅称。我国园林布置、山水盆景制作历史悠久，而园林或山水盆景中都少不了山。这些山或者是叠石而成，或者是凿石而成，都离不开石头。石头的寿命长于动植物，所以叫寿石。有一种"寿山石"，是产于福建闽侯县县北寿山五花坑的一种冻石。这种石头有各种颜色，莹净温润，可以制作文具、印章以及其他玩赏器具。不过，寿石不仅限于此石，它的所指要宽泛得多。

立石丛卉图。明代唐寅绘。

　　我国民间自古就有爱石之风。各地石料之中，太湖石（江苏太湖产）、英石（广东英德县产）、建石（福建省产）等最为人们赏爱。在长期的赏玩历史中，古人总结出了上品之石的外形特点，明太祖朱元璋概括为"瘦、皱、漏、透"四字，后人又加"奇"、"丑"二字，具体来说就是：

　　瘦：顶宽麓狭，犹如壁立中天，耸然直挺，同时还棱角分明，给人亭亭玉立之感。

　　漏：孔洞穿连，玲珑剔透，籁鸣天成。

　　透：透若海绵，孔道通达，给人清幽、深邃之感。

　　皱：石皱而生"波澜"，不因平滑而失之呆板，给人自然之感。

　　丑：石丑自然显得苍老古拙。

　　奇：只有奇才能尽揽众山风韵于一隅，满足人们的审美欲求。

寿石见之于园林及山水盆景是自然而然的，美观之外，我们不能强说它有吉祥寓意，但在传统的吉祥图案中，它却具有明显的吉祥寓意。古今画家多画寿石或寿石配合其他物什的纹图来给人祝寿。比如画太湖石的纹图，题"洞天一品"。又有"五瑞图"，为寿石配合松、竹、萱、兰的纹图。此外，祝颂长寿的吉祥图案大多有寿石，诸如：

长命富贵——寿石、牡丹、桃花的纹图。

寿居耄耋——寿石配以菊、蝴蝶和猫的纹图。

代代寿仙——绶鸟、寿石和水仙组成的纹图。

嵩山百寿——太湖石配桃、萱草、松柏的纹图。

必得其寿——木笔（玉兰）与寿石的纹图。

洞天一品。传统吉祥图案。

石敢当

传统吉祥物中，除寿石之外，还有一种以石头为材料制成的，那就是石敢当。它是一种小石碑，往往立在人家的门口，或者立在街头巷口，碑上刻有"石敢当"三字（或者刻"泰山石敢当"五字），用来辟除邪祟、镇压不祥。

石敢当在我国具有悠久的历史。关于它的记载，最早可追溯到汉代史游的《急就章》："师猛虎，石敢当，所不侵，龙未央。"只是这里只提到了名目，并无更为详细的说明。宋仁宗庆历四年（1044），福建莆田发现了唐代宗

石敢当。风水镇物。

刻有狮首浮雕的泰山石敢当

大历五年（770）时的石敢当，上刻"石敢当，镇百鬼，厌百殃，官吏福，百姓康，风教盛，礼乐昌。"宋人王象之的《舆地纪胜·福建路》详细记载了此事，可见石敢当在唐代已经发展成熟。后代这种风俗递相沿习，如元代人陶宗仪的《南村辍耕录》就记载说："今人家正门适当巷陌桥道之冲，则立一小石将军，或植一小石碑，镌其上曰石敢当，以厌禳之。"

石敢当也叫泰山石敢当。之所以加上"泰山"二字，这当然与泰山"五岳之宗"的地位有关。人们认为泰山石有独特的灵性和神力。传说汉武帝登泰山时，带回了四块泰山石，放在未央宫的四角，用来辟邪。泰山能保佑国家，泰山石保佑百姓当然更是胜任有余了。不过，并非冠名"泰山"的石敢当都用泰山石制成，各地石敢当大多是采用当地的石料而已。就样式而言，各地各种石敢当也不尽相同，有浅浮雕的，有圆雕的，有的碑额还饰有狮首、虎头等浅浮雕，有的刻有八卦图案，有的则只刻字而无其他装饰。

诚如文献记载和民俗考察记录所言，石敢当一般立在门口、巷口、路口等要冲之处，意在辟邪祟、厌不祥，是防御性的。这种作用后来被民众进一步延长，它还具备了驱风、防水以及造福官吏、安康百姓等作用，有了积极的意义。有的地方更是给它赋予了治病的功能，俞樾《茶香室丛钞》引用王渔洋的话说："齐鲁之俗，多于村落巷口立石，刻'泰山石敢当'五字，云能暮夜至人家医病。北人谓医士为大夫，因又名之曰石大夫。"现在，石敢当在民间仍有应用。

聚宝盆

　　我国传统吉祥物的器物一类，大多都是现实中实际存在的物什，如瓶、镜、笙、磬、钱、笏等。然而就如同动物、植物一类吉祥物中有观念创造的产物一样，器物一类也有现实中并不存在而臆造的，聚宝盆就是典型的一个。

　　聚宝盆是传说中的能聚生宝物的盆子。这里所说的"聚生"，是说只要在聚宝盆里下了"种"，它就能结出"籽"来，而且这籽生生不息、取之不竭，只要盆里还有一粒种子。比如，只要往盆里放一粒米，盆里就会源源不断地生出米来，装满盆子，溢出盆外……往盆里放一枚钱，也是如此。当然，这盆不只能聚生宝物，所有的东西它都能生出来；只是谁也不会让这样的宝贝去生破砖烂瓦，生自然就要生金银财宝，所以它也就实至名归，叫聚宝盆。

　　聚宝盆是人们根据自己的愿望创造的，因此它只存在于传说中。传说中的聚宝盆并不少见，大体上与两种类型的人联系。一种是纯粹的民间传说，故事的主人公是虚构的，大多是贫寒而善良的人得到聚宝盆，因此得以维护小康家境，又肯周济贫苦，进而被贪得无厌的人获得，结果因其欲壑难填而导致家破人亡。显然，这样的传说有明显的道德教化作用，意在劝人知足、轻财。另一种是与历史人物联系的传说，故事的主人公大多是有名的巨富，而其中最著名的要数沈万山。

聚宝盆。清代民间年画。

　　沈万三是元末明初的江南巨富，名富（一说名秀），字仲荣，因排行老三，所以叫沈万三。他富可敌国，有"江南第一家"之誉。朱元璋建都南京后召见他，让他献白金千锭、黄金百斤，兵甲军粮也多从沈家取用。后来沈万三因罪被发配到云南，死在了那里。正史中，《明史·高后传》有

沈万三接财神

关于沈万三的记载，说他（名沈秀）帮助修了三分之一的南京城墙，还请求
犒劳军队（夸富），结果惹怒了朱元璋，要杀他，经马皇后劝谏才得以释放。
民间传说中的沈万三比正史中的这寥寥数笔要丰富多彩，其中重要的一点就
是他因得到聚宝盆而致富。《挑灯集遗》记载说：沈万三还比较贫穷的时候，
有一天梦见有一百多个穿绿衣裳的人请他救命，早晨看到有个渔翁提着一百
多只青蛙要去宰割，忽有所悟，买下这些青蛙放了。后来这些青蛙整夜鸣叫，
让沈万三夜不能寐，早晨去驱赶，却见那些青蛙围着一只瓦盆，沈万三觉得
奇怪，就把瓦盆拿回了家，用来洗手。后来，沈万三的妻子洗手时掉了一枚
银手镯，结果没多久就见生出了满盆的银手镯。沈万三用金银来试，果然是
要金得金、要银得银，由此富甲天下。朱元璋建都南京后，抄没了沈万三的
家资，得到了这只瓦盆，问了通晓古物的人，才知道这是聚宝盆，但朱皇帝
却使不了它。不过，后来这盆还是派上了用场，先是让朱元璋埋在了南京城
聚宝门下，后来又改埋在水西门下镇压猪龙之患。

聚宝盆这样的宝物，自然不是谁都可以得到的，但这并不妨碍人们对它的憧
憬，由此它也就成了人们的吉祥物。旧时商家喜爱的吉祥图案中，就有聚宝盆的
纹图，简单的，图中一只金盆，盆中堆满元宝；复杂一些的，图中为一巨盆（或
鼎），盆里盛满了金钱、元宝、珍珠、珊瑚等物。有一种吉祥画，画中下部为聚
宝盆，盆中堆积元宝（银锭），盆壁写"聚宝盆"三字；元宝上站立一个童子，手
执一面写有"日进斗金"字样的令旗；童子头上有"黄金万两"组合字；聚宝盆
与童子四周绘有八宝如意等物。这种图案多用于画稿、家具、建筑等。太湖的渔
家在盆中装鲤鱼、石榴、葱、万年青、竹笋等十样食物，也叫聚宝盆。

摇钱树

　　民谣有曰："摇钱树，聚宝盆，日落黄金夜装银。"可见我国民间早把摇钱树与聚宝盆视作了同一类型的吉祥物。摇钱树和聚宝盆一样，都是人们观念意识的产物，现实中并不存在。同时，它们又都指向人们的美好愿望之一——财富。只不过摇钱树似乎没有聚宝盆那样多的传说，因此少了一些玄秘神奇。

　　摇钱树的生财机制和聚宝盆如出一辙：能生金钱，可以再生，生生不息。不同的是，摇钱树上原来结的就是金钱，摇落之后长出来的还是金钱，名实相符。在这里，民众利用的还是现实中经常见到的事物（树），而且也利用了它的特点（果树每年都要结果），只是经过观念意识的加工，把这种特点放大了（不是一年一结，而是摇落旧的，新的随即结出），而且指向了专门的目标（金钱）。

　　尽管能生金钱的摇钱树并不存在，但这并不妨碍人们按照自己的愿望来设计、制作它。在传统的民间节俗活动中，就有独特的摇钱树。比如北京旧俗，在岁末的时候，人们取松柏树枝，插在瓶中，在枝上挂古钱、元宝、石榴花等，就做成了摇钱树。古钱、元宝，自然是钱；石榴多籽，石榴花也就寓有"多"的意思——松枝柏桠，金钱多多，自然是摇钱树了。

　　关于摇钱树的来历，一般认为出自《三国志·魏志》所引《邴原别传》的一则故事：一个叫邴原的

摇钱树。民间剪纸。

明初纯金丝龙饰摇钱树

人，在路上拾得一串钱，由于找不到失主，就把钱挂在了一棵大树上。随后路过此地的人，见树上有钱，以为是神树，于是纷纷把自己的钱也挂在树上，以祈求来日获得更多的钱，从此就有了摇钱树。

节俗活动中的摇钱树，不过是一时的道具，不能久在，而历史上却存在过铜浇铁铸的摇钱树。西南地区东汉古墓出土的明器中，就有青铜鎏金摇钱树。这株铜树高近四尺半，树枝很多，枝上挂满了小人像和铜钱。明代初年的纯金丝龙饰摇钱树，保存完好，枝丫众多，古钱连串，富丽堂皇。

此外，图绘中也有摇钱树的形象。在我国民间年画中，经常可以见到摇钱树：一棵挂满了铜钱的大树，几个童子，有的持竹竿打树上的铜钱，有的拾地上铜钱，有的抬着满筐的铜钱高高兴兴把家还。在四川出土的东汉陶器里，有一种状如盆而无底的陶器，表面雕绘有各种吉祥图案，其中便有摇钱树，树下的人有的用长竿打树上铜钱，有的拾取落地铜钱挑走。

金钱满树。民间年画。

四　吉星高照

福　星

　　我国传统文化自古就有把天空中的星辰与地上的事情联系起来的观念，诸如地下的分野与天上的星区对应，人间的治乱祸福与星辰的明暗显晦相关。而日月星辰又是运动着的，因而人世的命运因星辰的运转照临而有不同；所谓吉星高照，就是说吉星运转到上方，星光照临，会交上好运。

　　吉星也就是吉祥之星，是一种笼统的概括。具体来说，民间最常见的概括有三种，即福、禄、寿星。民谚有云："人间福禄寿，天上三吉星。"江南民间小曲也唱到了这三吉星：

　　　　福星高坐把福施，禄星送子下祥云；
　　　　寿星骑鹿送蟠桃，三星高照喜临门。

福禄寿三吉星。木版年画。

191

紫微高照。碑拓。

三吉星中，首屈一指的是福星。就福星而言，传统上认为它是天空中的岁星（木星）。岁星一年运行一次，所以叫岁星。相传岁星所在的地方有福，岁星的照临能够降福于民，所以也叫福星。唐代诗人李商隐写过一首《无愁果有愁曲北齐歌》的诗，诗中提到了二十八宿分野的青龙白虎，也提到了福星："东有青龙西白虎，中含福星包世度。"二十八宿分野中的四个部分四象（也叫四灵、四神）都有具体的形象，便于识认、应用、祭拜；如果福星仅仅是一颗星则不便于识认、应用、祭拜，所以它也就必然地形象化、人格化了。

福星形象化、人格化的线索并不像寿星那样单一、明确，人格化了的寿星（南极仙翁）是直接从老人星转化来的，而司福之神不仅有好几位，各有各的原型，而且并无哪一位明确地与岁星相关。在几种福神中，天官要算是与福星关系最密切的。吉祥图绘三吉星中的福星就是他的形象。

天官是道教"三官"中的一个（另外两个是地官、水官），是道教的紫微帝君，在三官中地位最高，职掌赐福（地官赦罪，水官解厄）。三官信仰在道教创立不久就存在，后来民间也以天官为神，与禄、寿并列，三者同时出现的时候，天官也就被称作福星了。

人们对福神天官的崇祀，不外张挂模塑其神像，供奉礼敬。天官的形象均为大官的模样，一身朝官装束，朝冠高耸，朝服鲜红，腰结玉带，脚蹬朝靴，长髯飘飘，和颜悦色，雍容华贵。天官的这副模样，显然与道教无关，而是按吏部天官的形象塑造的。我国古代集大成的礼制典籍《周礼》（也叫《周官》）分设有六种官职，以冢宰为天官，是百官之长，统领百官；后世封建朝廷的六部中，以吏部居首，掌管官吏的遴选、任用、考绩、升黜等——这为天官形象的塑造提供了基础。只是这样的天官除了赐福之外，还有一项更具体的职司，就是加官晋爵，也就是赐官。当然，升官也是福。

天官赐福。木雕。

作为福神，天官的形象见于民间年画以及其他泥塑、瓷塑的吉祥摆件等。就年画而言，最著名的画题是"天官赐福"（也叫"受天福禄"）。这一画题最晚在五代时已经出现，清人俞樾的《茶香室丛钞》引用宋代《宣和画谱》说："五

天官赐福。朱仙镇木版年画。

代时人陆晃有'天曹赐福真君'像一帧。然则今所称天官赐福者，亦有本矣。"天官赐福图的画面，多为天官身着红袍站在海边崖壁上，手持一轴诰命，上写"天官赐福"或"受天福禄"的字样，有的此外再加些蝙蝠、小孩。也有与禄星、寿星合画的，同样比较多见。模塑的福星多以三吉星同在的形式出现，也有单独出现的，形象与图画中的大体相同。

禄　星

　　禄星也是三吉星之一。禄的一般意思，是指俸禄，即做官所得的薪水。俸禄多少又与职位高低有关，因此禄也指禄位，也就是官位。而禄最原始的意义是福，《诗经·商颂·玄鸟》就出现过"百禄"，而这百禄实际上就是百福。由此可以想见，后世的禄星除禄食之外兼职掌管别的事情，也就毫不奇怪了。

　　禄星也是真实存在的星。《史记·天官书》说："文昌宫……六曰司禄。"这是说文昌宫的第六颗星叫司禄，是掌管人间禄食的星辰。《晋书·天文志》也记载过司禄的星辰，但星名叫"下台"。后世人们大多以前者为禄星。

青花加官图笔筒。清代瓷器。

晚清粉彩禄星

如同福、寿二星一样，禄星也形象化、人格化了。同福星一样，人格化了的禄星的渊源也不甚明了。有的说他与送子的张仙有关，但这与禄星的职司相去甚远。不过，图绘、模塑的禄星，倒确实与送子有关，其形象是一个员外的打扮，怀抱婴儿，头上插着牡丹花（或画牡丹等）。民众的这种安排并不难以理解：一是传宗接代是传统国人的第一需要，因此不仅禄星，许多神灵都被赋予了送子的责任；二是天官本来也职掌官禄，所以让禄星兼职甚至转行都说得过去。

对禄星的崇奉自然与对福、寿二星大体相同。在民间年画、瓷塑等艺术表现中，三

三星高照。传统吉祥图案。

吉星往往一齐出现，其中禄星的形象如前所述，怀抱婴儿，或者手牵婴儿。而在众多表示有"禄"的寓意的吉祥图案中，禄星却很少出现，而大多是以"鹿"谐"禄"之音，由鹿来表示禄的意思。不过，旧时戏曲演出中的加官戏，倒是体现了禄星的本分，虽然也不免"跑调"。这种加官戏是正戏开始前的一种演出，只有一个演员，身穿红袍，戴"加官脸"（满面笑容的假面具），手持朝笏。演出时，演员走上戏台，笑脸盈盈，不说不唱，绕台三周即下场；再上场时，抱一小孩儿（道具），同样绕场三周即下；最后出场时，一边跳舞（因此这种演出也叫"跳加官"），一边展示手中所持的红色锦幅，幅上写"加官进禄"，然后绕场三周退场。这种加官戏是正式演出前的一种过渡，也显然有着祝吉的意思，祝福来看戏的人们尤其是其中的官员，加官进禄，飞黄腾达。

寿　星

　　寿星本来是一组星星，指二十八宿中的角、亢两星，《尔雅·释天》说："寿星，角、亢也。"郭璞解释说："数起角亢，列宿之长，故曰寿。"或者指南极老人星，《史记·天官书》说："（西宫）狼比地有大星，曰南极老人。"同样是星，命运却大不相同。前一种意义上的寿星只存在于天文学之中，后世人们所奉祀的寿星实际上专指南极老人星。

南极星辉。明代年画。

　　关于南极老人星，古籍上的记载很多。从文献可知，自周秦时代开始，历代都有奉祀寿星的活动。《通典》说："周制，秋分日享寿星于南郊。"秦有寿星祠，专门用于供奉寿星。《史记·封禅书》说："秦并天下，于杜、亳有三社主之祠、寿星祠。"到东汉时期，祭祀寿星与敬老活动联系了起来。《后汉书·礼仪制》说："仲秋之月，年始七十者，授之以王杖，哺之以糜粥。八十、九十，礼有加赐。王杖长九尺，端以鸠鸟为饰。鸠者，不噎之鸟也，欲老人不噎。是月也，祀老人星于国都南郊老人庙。"以后，奉祀寿星都被历代王朝列入国家祀典，到明初才废止。

　　寿星的职掌，最初是国运的长久或短暂，也就是国家的寿命。《史记·天官书》说："老人见，治安；不见，兵起。"《正义》解释说："老人一星……为人主占寿命延长之应。见，国长命，故谓之寿昌，天下安宁；不见，人主忧也。"后来，寿星的职掌有了很大的扩展，不仅是国家、君主的寿命，也包括每一个百姓的寿命。由此，寿星成为人间寿命之神。

现在的寿星一般都是在其掌管人间寿命的意义上使用的。在祝贺寿诞的文辞中，多用到寿星。首先，寿主被称作"寿星"，引申开来，长寿之人也常以"寿星"称之。明人方回的《戊戌生日》诗说："客舍逢生日，邻家送寿星。"其次，寿联、寿幛中多用寿星贺寿，如寿联：

福临寿星门第，
春驻年迈人家。

鹤飞瑶阶来仙祝，
瑞霭锦屏见寿星。

寿天百禄。清代年画。

寿幛有"南极寿翁"、"寿星在目"等。

同时，寿星也常见于图绘、模塑。这里的寿星已不再是星辰，而是神仙。其形象大多为白发长眉老翁，头长，额高而且突出，拄一根弯弯曲曲的长拐杖（俗说拐杖直而短于人身，不祥），杖上有时挂一个盛灵丹妙药的葫芦。《西游记》第七回也描写过寿星的形象："霄汉中间现老人，手捧灵芝飘蔼绣，长头大耳短身躯，南极之方称老寿——寿星又到。"在民间年画中，经常可以见到寿星的形象。以这种纹图所作之画也可以用来祝寿，古今的寿画中大多可以见到寿星。寿星也常被模塑，其质地以泥、瓷为主。旧时，陕西凤翔有"福禄寿"三星泥塑，三体并连，绿、红、黄三色并列，构成一件完整的装饰品，成为不可分割的幸福标志。现在，也经常可以见到瓷塑的寿星，它仍然是祝寿的上好礼品，也可以用来作几案装饰，以寄寓健康长寿之意。

197

北　斗

　　北斗是著名的星宿，在我国北方上空夜夜闪烁。它不仅是夜间指示方位的标志，也对制定历法大有作用。而在民间信仰中，北斗则演化成了人格神北斗真君。

　　相传北斗是由莲花化生的。远古时候有一个国王，名叫周御，圣德无边；他的一位王妃叫紫光夫人，明哲慈惠。后来紫光夫人在莲池感应而生下九朵莲花，这些莲花开放以后，化生为九个男孩，其中两个长子一个做了天皇大帝，一个做了紫微大帝，其他七个幼子化为七颗星星，就是北斗七星。七星分别是贪狼、巨门、禄存、文曲、廉贞、武曲、破军（一说为天枢、天璇、天玑、天权、玉衡、开阳、摇光）。北斗被转化成人格神的时代比较早，其职司也在比较早的古籍中就能见到。后来道教将北斗封为星君、真君以后，视其为司命之神，掌管人的寿夭，即所谓"北斗注死"。

　　关于北斗注死以及人们对北斗星君的信仰，古代的各类典籍有许多说法。有的说北斗受命于真皇老人，与天、地、水三官一起调查活人和死人的善恶功过；北斗居中央，巡游四方，掌管人间生死祸福。有的说跪拜北斗可以长生不老，祈祝北斗可以驱除百邪、横扫凶气。有趣的是，有关北斗还有一些经咒，据说念诵这些有如同念诵《太上感应篇》一样的功效。相传全真教的教祖有七位高徒，其中一位叫谭长真，他得了怪病，服什么药都不见好，后来暗诵北斗经，结果病很快就好了。

　　人们对北斗星君的奉祀也很早就存在了。专供北斗的庙，叫北斗星君庙。七月十五盂兰盆会时，要供奉斗灯。"礼斗"（也叫"拜斗"）之俗在宋代就有记载。苏轼《东坡志林》说："绍

北斗星君。民间年画。

圣二年五月望日……请罗浮道士邓守安，拜奠北斗星君。"道家规定农历九月一日至九日是拜斗之期，届时有极其隆盛的奉祀活动。

南　斗

南斗是与北斗相对的星宿，即二十八宿中的斗宿，北方玄武的第一宿。它本来是自然界的星辰，在民间信仰中则变成了"注生"（掌管生命，定人寿数）的南斗星君。

民间俗信以为"南斗注生，北斗注死"。关于这种俗信的由来，《搜神记》中有一则详细的故事。传说有个能看命相的人叫管辂，他见到一位青年寿当早夭，很是可怜。这位叫颜超的青年听到此事后告诉了父亲，他的父亲就向管辂请教延寿的办法。管辂出于怜悯之心，让颜超准备清酒一坛、鹿肉一斤，天亮时分去麦地南边的大桑树下，给在那里下棋的两个人饮食，但要只斟酒不说话，什么都不回答，直到那两人喝完吃光为止。颜超依言行事，果然见有两人在下棋，于是只管斟酒递肉，那两人只顾玩，边吃边喝，也没有在意。酒过数巡，坐在北边的那人忽然发现了颜超，叱咤说："何故在此？"颜超谨记管辂的叮嘱，只是叩头拜谢，并不说话。这两人议论说，喝了人家的酒，吃了人家的肉，哪能无事人一般？北边的那位说"文书已定"，南边的又说"借文书看之"，见颜超的寿数只有十九岁，于是取笔一勾，十九变成了九十，然后对颜超说："你的寿数变成了九十。"后来管辂告诉他，那两人北边的是北斗，南边的是南斗，南斗注生，北斗注死。

注生的南斗也曾经有专庙奉祀，他的庙叫南斗星君庙，民间俗称"延寿司"。无锡曾经有一座有名的南斗星君庙，清初康熙皇帝还特意写了一幅"光耀南天"的匾额赐给此庙。

南斗星君。民间年画。

斗 姆

斗姆是北斗七星的母亲。据《北斗本生真经》说：在远古时候的一个国家，王妃紫光夫人十分明哲慈惠。这位紫光夫人曾发誓要生一个圣子，辅佐乾坤，裨益百姓。一年春天一个阳光明媚、百花盛开的日子，紫光夫人到后苑游戏，行至莲花温玉池，脱衣沐浴，结果感应而生下九个儿子，其中老大勾陈星后来成为天皇大帝，老二北极星成为紫微大帝（四天帝之一），其余的就是北斗七星。紫光夫人因生了九个儿子而被认为有德，被封为"北斗九真圣德天后"，简称斗姆或斗姆元君，也称斗姥。

斗姆星君的形象也有见于图画和雕塑等工艺形式的。斗姆的形象通常是：额头上长有三只眼睛，肩膀上扛有四个头颅，左右各有四条长臂，正中的两只手合掌，其余的分别执有日、月、宝铃、金印、弓、戟等。

相比较来说，民间对斗姆的崇拜远远不及她的某些个儿子（如北极紫微大帝）。不过，奉祀也还是有的。一些地方修斗姆宫、斗姆殿奉祀斗姆，北京白云观、四川成都青羊宫就有此类建筑。民间还认为，只要诚心礼拜斗姆，念诵她的名号，就能消灾免祸，延寿获福。又传说农历九月九日是斗姆星君的诞辰。民间从八月最后一

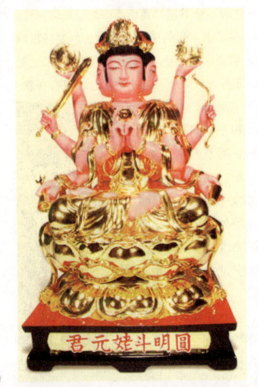

斗姆像

天到九月初九或初十持斋吃素，叫"九皇素"。在这期间，各道观还有纪念、享祀斗姆的活动，叫"九皇会"。清代潘荣陛的《帝京岁时纪胜·九皇会》说："九日各道院设坛礼斗，名曰九皇会。自八月晦日斋戒，至重阳，为斗姆诞辰，献供演戏，燃灯祭拜者甚胜。供品以鹿醢东酒、松茶枣汤，炉焚茅草云蕊真香。"在台湾地区，还有拜斗的习俗，就是在盛米的斗里插铜镜、古剑、小秤、剪刀、尺、纸刻的红伞盖、灯盏等，焚香礼拜。

魁（奎）星

我国封建时代，走读书谋生、求财、做官的路，是人们的普遍选择。因此，给读书人制造出一尊神明出来，也就是必然的了。而事实上，这样的神明并不只一尊，魁星不过是其中为人熟知的一种。

魁星的前身是奎星，为二十八宿中的西方白虎七宿的首宿。奎星共有十六颗星，它们的关系"屈曲相钩，似文字之画"（《初学记》引《孝经援神契》），所以后来人们就把它和文章、文运联系在了一起。古人说："奎主文昌"、"奎主文章"、"奎为文章之府"，也就是说，奎星是执掌读书人命运以及文坛盛衰的星宿。

由奎星发展而来的魁星，是北斗七星的第一颗（也有说是第一至第四颗的），也是星宿。魁星并无主宰文运的记载，它的功能是从奎星那里转化而来的。不过，这个转化的过程也不正常，而是以讹传讹。一般的说法是：人们立庙享祀奎星，却无法将这颗星宿变成人格神的形象加以供奉，因而改为"魁"；而"魁"也是不好表现的，于是就把它拆开来，画成鬼抢斗或鬼飞起一脚右转踢斗的形象。于是，魁就代替奎而成为主管文运的神明，受到人们的普遍崇拜。尽管历史上有过奎主文运、立庙祀之的明确记载，尽管也有人指出魁是讹化而来的，人

魁星点斗。碑拓。

文昌魁星。明代年画。

们对魁星的崇拜却没有减弱，而是占据了不容动摇的地位。

读书人对魁星的崇拜表现得丰富多彩。旧时，学宫里大多奉祀魁星，供奉"魁星图"。魁星图中的魁星形似鬼魅（这显然是由"魁"字中的"鬼"而来），蓝面赤发，一脚向右跷起，就好像"鬼"字的弯钩，一脚金鸡独立，下踩大鳌鱼，表示"独占鳌头"，一手捧斗，一手执笔点斗，表示"魁星点斗"。而鬼一脚向右弯起踢斗的形象，则叫"魁星踢斗"。俗信魁星能带来好运气，传说看到魁星像可以高中，梦见魁星能夺锦标。明人陆深在《俨山外集》中曾描写士子们在座右贴魁星图和考场上出售魁星像的情形。相传七月初七是魁星的诞辰，旧时还有读书人在这一天"拜魁星"的习俗。而朝廷也以仪节的形式表示了这种信仰。据载，在唐宋时，皇宫正殿台阶中雕有龙和鳌，如果考中进士，就要进入皇宫，在正殿下恭迎皇榜，而此时只有状元才有资格站在鳌头上。宋人周密的《癸辛杂识》还记载当时考中状元，朝廷"送镀金魁星杯柈（盘）一副"。

在我国封建社会，"万般皆下品，唯有读书高"，所以对魁星的信仰非常突出。人名之中，用到"魁"字或"奎"字的，绝不少见。划拳的"五魁首"，实际上即"五经魁首"——古代以《诗》、《书》、《礼》、《易》、《春秋》五经科考取士，每经的第一名叫"经魁"，五种经书的第一名就是五经魁首。此外，旧时的魁星阁、魁星楼、魁星殿到处都是，而且都建筑得雄伟壮观。这些殿堂楼阁并不一定奉祀魁星，但肯定经常有读书人出入。现在，要找叫"魁星楼"的酒楼饭馆怕也不难，甚而有望子成龙者拜魁星。这正充分反映了人们对魁星的崇拜。

文曲星 武曲星

文曲星、武曲星和魁星一样，都是我国主持士运、掌管功名的神祇。文、武曲星都是星宿，文曲星是北斗的第四星，武曲星是第六星。古人以星辰的隐显明暗来判断它们所掌管的领域的盛衰，文、武二星也是如此。唐人裴庭裕《东观奏记》就记载说："初，日官（负责占星的官员）奏文昌星暗，科场当有事。"后来，就像其他许多神明一样，文、武曲星也随着历史的发展而人格化，或者附会于历史、传说人物。比如《封神演义》就以比干为文曲星、窦荣为武曲星；而小说戏文更是把中举的读书人统统称作"天上的文曲星下凡"。

文曲星俑。晚清瓷器。

文、武曲星主持的文运、武运关系到国家，它们掌管的功名则深切关系到个人。因此，文曲星向来是颇受读书人青睐的。正面的不说，反面的，《儒林外史》中的范进中举以后痰迷心窍，他的屠夫岳父打了他一巴掌，其手便隐隐作痛，说是中了举就是天上文曲星下凡，打不得。古代不仅有文举，后来又有武举，武举也开科考试，这样武曲星也就深受武士的青睐，只是我国向来重文轻武，武曲星的普及程度远远比不上文曲星，相关的记载、传说也比较少。

203

牵牛 织女

在我国，牛郎织女的故事几乎是家喻户晓的，民众在他们身上寄予了许多美好愿望，奉他们为神灵，崇祀他们。他们的故事有的镌刻在大地上，有的书写在天空中，而他们的原型都是星宿。

牵牛星俗称牛郎星，共有六颗，组成的形状好像一个人挑着一副担子，因此被附会为牛郎担着两个孩子。织女星也叫天孙，即天帝的孙女。牵牛（河东）、织女（河西）二星以银河为界，遥遥相对。作为星辰的牵牛、织女，很早就被人们歌咏。《诗经·大雅·大东》就提到了牵牛、织女（"跂彼织女，终日七襄"，"睆彼牵牛，不以服箱"），而且也写到了它们的排列形象，但二者并无明确联系。汉代班固的《两都赋》，有"临乎昆明之池，左牵牛而右织女"的句子，以牵牛、织女并称，两者发生关联。张衡的著作中更提到了牵牛、织女七月初七相见。应劭的《风俗通》也说："织女七夕当

天河洗浴。淮坊年画。

鹊桥相会

渡河，使鹊为桥。"这说明，东汉时牵牛、织女二星已经人格化，并配成了夫妻。到了魏晋南北朝时期，逐渐形成完整的牛郎织女故事（见南朝梁殷芸《小说》）。

相传牛郎在父母过世后与兄嫂生活在一起，但受到他们的冷遇，最后只好分了一头老牛另过。有一天，老牛说天上的七个仙女要下凡来河里洗澡，要牛郎藏了第七位仙女的衣服，和她成亲。牛郎照办，果然和织女（七仙女）配成了夫妻。牛郎、织女婚后，男耕女织，生活十分美满，并生了一儿一女。后来，玉皇大帝察觉此事，派王母娘娘押七仙女回天廷受审。牛郎遵照老牛的叮嘱，杀了老牛，披着牛皮、担了孩子追上天去。王母见牛郎追来，拔下金簪，划出一条河来（就是银河），牛郎无法过去。后来，天帝等被牛郎、织女夫妻忠贞、深切的爱情所感动，允许他们一年一相会，相会的日子就是农历七月初七——七夕。相传这一天地上的喜鹊都要飞上天，在银河上搭鹊桥，让牛郎、织女夫妇相见。而人间这天晚上在豆棚瓜架下细听，可以听到牛郎、织女夫妻的喁喁情话；要是下雨，那雨就是他们夫妻的伤心泪。

从流传至今的牛郎、织女故事来看，牛郎只是一个本分的百姓，织女也不过是位仙女。但他们动人的爱情却打动人心，因此他们的形象在人们心中也就占有了重要的位置，其中织女尤为突出，被奉为我们中华民族的爱神。旧时，一些地方修筑有织女庙，用来享祀爱神织女。其中

绣花乞巧。清代陈枚绘。

江苏太仓的织女庙最有名。今天，台北市的北投还有"情人庙"，其中供奉的就是牛郎、织女。

当然，对牛郎、织女的信仰、崇拜，最突出的是表现在民间传统节日七夕节。在这一天，人们祭拜织女，也顾及牛郎。相传这一天是牛生日（也叫"牛生命日"），人们要在牛角上挂花枝，还要用面饼赏给牧童。这种节俗，显然与牛郎有关；但也仅此而已，因为牛郎毕竟出身平凡。而指向织女的行为就要远远隆重得多了。七夕晚间，人们要陈设瓜果，祭拜织女，但参与者为女子，而且仅限未婚女子。祭拜之外，还有乞巧。织女是仙女，心灵手巧，因此女孩子向她乞求灵巧。乞巧之法有漂针、穿针等方法。《中华全国风俗志》记载有"乞巧会"，描述极为详尽："七月初七日，俗传为牛女相会期，一般待字女郎，联集为乞巧会。先期备办种种奇巧玩品，并用通草、色纸、芝麻、米粒等，制成各种花果、仙女、器物、宫室等等，极钩心斗角之妙……初六日夜初更时，焚香燃烛，向空礼叩，曰迎仙。自三鼓以至五鼓，凡礼拜七次，因仙女下凡七也，曰拜仙。礼拜后，于暗陬中持绸丝穿针孔，多有能度过者，盖取'金针度人'之意。并焚一纸制之圆盆，盆内有纸制衣服、巾履、脂粉、镜台、梳篦等物，每物凡七份，名梳妆盒。"灵巧当然不只是女性的愿望，也是男性的向往。因此，男孩也就有了七夕节向织女这位女仙乞文的习俗。前引书接着说："初七日，陈设之物仍然不移动，至夜仍礼神如昨夕，曰拜牛郎。此则童子为主祭，而女子不与焉。礼神后，食品玩具馈赠亲友。"

太岁

太岁在中国民间信仰中并非吉星，相反，它所代表的是凶方。而人格化了的太岁，也是民间信仰中最著名的凶神。太岁是不能触犯的，它所在的方位要避开，所以有不能在太岁头上动土之说。而在生活中，人们把那些难惹的人物称作太岁，动它们就是在太岁头上动土，很是不得了。但既然太岁受人间香火，我们也不能落下它。

其实，太岁这颗星根本就不存在，它是古代天文学假设的一颗星，与岁星相对。在古代，人们以岁星（木星）运动来计算时间，以岁星运动一次为一年。但岁星运行的方向是自东向西，和自西向东依次把黄道分为十二支的方向正好相反，为避免这种不方便，人们又创造出一个与岁星运行方向相反的太岁（也叫岁阴、太阴），和岁星相对。并且人们这样设定：岁星在天上运行，太岁则无可捉摸，是在地下与天上的岁星相对运动的。

太岁神。民间瓷塑。

207

太岁星君殿。位于台湾省高雄县弥寿宫，为关帝庙的后殿。

　　太岁起初本来只是和天文历法有关系，到汉代时则形成了一系列的民俗信仰，将它和动土兴建、迁徙、嫁娶等联系了起来。据说，如果人们在太岁所在的方位动土，就会挖到一个会动的肉块，它是太岁的化身，而这也就是厄运凶象将至的征兆，因此人们说不得在太岁头上动土。后来，太岁也人格化了。相传他的原型是殷纣王的儿子，叫殷郊，出生时裹在一个肉球里，被父亲遗弃，母亲也惨遭杀戮。被真人救出养育成人后，他帮助周武王讨伐纣王，为母报仇，进而以孝义之恩、斩妖（妲己）之勇而被玉帝封为元帅。据宋代的《夷坚志》记载，当时常州东岳庙所供的太岁已经人神化了。

　　太岁信仰从汉代在民间兴起以后，很长时间未能得到统治者的认可，未能列入国家祀典。但到元、明以来，统治者也认可了太岁，设专坛祭祀。而民间对太岁的信仰，主要以禁忌的形式表现出来。迁徙、嫁娶、建屋都要看太岁所在的方位，如果正对太岁所在的方位，则诸事就要停止。就动土建屋而言，民间禳解的办法是在等不下去的时候，在正月初五（破五）黎明日出之前动土，或者在"太岁出游日"进行"偷修"。据说太岁逢子日出游，巳日回归，人们趁他出游之日偷偷地动土建屋，可以逢凶化吉。

五　福寿万代

福

　　要说中国的吉祥符，最有名、最常用的恐怕要算是福了。每到年节，或者是所有平常的日子，我们都可以见到到处张贴、悬挂的福字或装饰福字的工艺品，而我们每一个人也都正是这种习俗行为的参与者。这里，不能说"福"不再是一个汉字，然而，它确实已经符号化了，人们不再认为是在张挂"福"这样一个汉字，而是在渲染"福"这种中国人自古及今积淀下来的人生信念。

　　福不像寿、喜、富、贵那样有明确的含义和评价标准，它比较笼统，似乎说不清，但又实实在在地存在着。福究竟有着怎样的内涵呢？古来最好的诠释，应该是《尚书》对五福的界说。《尚书·洪范》说："五福，一曰考，二曰富，三曰康宁，四曰攸好德，五曰考终命。"宋代大儒朱熹要他的学生蔡沈给《尚书》作注解，成《书集传》，对这段的解释是："人有寿而后能享诸福，故寿先之。富者，有廪禄也。康宁者，无患难也。攸好德者，乐其道也。考终命者，顺受其正也。"其实，寿、富、康宁的意思并不难理解，后两福才有些让人费解，而蔡沈对此却并未解释清楚，或者说解释得有些偏差。又有人解释"攸好德"，说是"所好者德"；解释"考终命"，说是"皆生攸好以至老也"。这算是解释得比较清楚了。与典籍里的说法相对，民间认为五福指福、禄、寿、喜、财，其中禄、寿、喜、财的内涵十分明确，只有福有些含糊。此外，传统的吉祥话中还有"三多"一词，具体指多福、多寿、多男子，福也是与比较明确的多寿、多男子相对，显然有别的意义。

　　无论是典籍里的五福，还是民间的五福，都说明福的内涵十分丰富，既具体，又

白玉福字佩。清代工艺品。

211

三多。传统吉祥图案。

含糊。怎样的人才算有福呢？考察一下历史也许能找到答案。《元史·严宝传》里记载道："（元太宗）数顾宝谓侍臣曰：'严宝，真福人也。'"福人严宝历仕金、宋、元，出征则旗开得胜、所向披靡，理政则境内安堵、吏民景仰，以至于去世后"百姓悲痛万分，野哭巷祭十余日不止"。而民间所谓"全福人"，则指在上父母康健、同辈既有兄弟又有姐妹、在下儿女双全的人。宋金澶渊对阵的时候，宋真宗问谁能带兵出战，寇准无奈推荐了王钦若，说王是福将。所谓福将，是运气好、所至如意的将领。北宋君臣显然不怎么如意，所以王钦若算不算福将，我们就不必去管了。民间传说中的福将，是隋末的反隋将领程咬金，他却真的是所至如意，要么旗开得胜，要么化险为夷。这样看，福实际上是指人生中所有好的方面，包蕴广极了。

作为吉祥图符，福以单独出现（包括些微的修饰）的时候为最多。在早些年，福字常见于家具、建筑、什器。比如家具上雕镂福字，配合其他的吉祥物或装饰纹样。建筑上用福字，常见的是在裙墙的砖上和门扉的裙板以及窗棂、屏风上雕刻，而最显眼的则是进院门照壁上的大福字。至于过年时贴福字、剪带有福字的窗花，则更为普遍。最简单常见的，是在菱形红纸上墨笔或金笔写一个大福字，贴在屋里屋外的各个地方，包括那些人少到、灯不亮的僻处暗隅。贴福字还讲究倒贴，寓意"福到了"；并不是所有的福字都倒贴，但僻处暗隅则大多讲究倒着贴，意思是要这样的地方也有福到，而这样的地方福都到了，那阖家内外当然就福满福旺、福气融融了。比如在屋里，四壁与屋顶形成的四个角，算是屋里的僻处暗隅了，就该在那里贴个福字，而且要两墙一顶三面凌空贴，倒着贴；这样四角都贴以后，满屋顿时就充满了喜庆之气、福煦之气。这种习俗今天也广泛存在，春节时家家户户都贴福字，而且也总要遵照传统俗信倒贴些福字。而由于工艺技术的进步，各种镂刻的、立体的福字也极为多见，或贴或挂，蔚为大观。

作为吉祥符，人们自然希望它随时随地都存在。因此，福不仅常见于春节期间，也见于一年四季的其他时日；不仅有雕镂、张挂这种固定的，也有随身携带这种移动的。春节张贴的福字，并不是过了节就摘去，而是要让它尽可能多地保留一段时间，有的甚至保留至新的春节到来之时。婚嫁、乔迁等也有贴福字的，尤其是

山西平遥大戏堂的福字照壁

多用有福字的装饰。即使是平常的日子，人们也会买些装饰福字或与福有关的吉祥图案的工艺品，摆或挂到家里。尤其是此类旅游纪念品，不仅有纪念意义，而且还意味着把当地的福气也带回了家。此外，人们随身佩饰福字小挂件的也不少，比如雕福字的玉佩、穿福字背心的生肖挂件、装饰福字的中国节等等。可以贴身佩戴（如作项链或系在腰间），也可以挂在书包、手包上，或装饰在手机链上等等。这样，福就随时与我们同在了。

百福图

福字与其他吉祥符、吉祥物组合的情形也极其多见。比如剪纸窗花，就有福字与生肖图案一起的。门扉、墙壁上雕刻的福，也多用别的吉祥纹样装饰，或与其他吉祥物组合。工艺摆件、挂件中的福字，也有此类装饰。比如福字经缠枝纹装饰，就有了福运围绕的寓意；福字与盘长组合，就有了福运连绵的寓意；与卍字组合，就有了福运万世不绝的寓意。时下流行

213

福字挂钱。民间剪纸。

的中国结，就有盘长与福字配合的，其中的福字或用彩绳结成，或者以玉（仿玉）雕成缀在结中，雅致美观，寓意深远。见于画稿、吉祥图案中的福字，那就更是以组合形式出现了。如题名"福禄寿"的吉祥图案，就是鹿和福、寿二字在一起的纹图。

此外，福除了以吉祥字符的形式出现外，也以象征物的形式出现。最常见的福的象征物是蝙蝠，绝大多数吉祥图案都是如此，比如五福捧寿、纳福迎祥、翘盼福音、平安五福自天来，等等。北京奥运会的吉祥物福娃，也可以说是福的象征，五个福娃代表五福，传统与现代完美结合，意味深长。

寿

寿字

寿，繁体作"壽"。寿本来是一个平凡的汉字，但由于人们长寿观念的作用，它远远地超越了一般的汉字，不仅字意延伸丰富，字体变化多端，而且成为反映人们吉祥观念中最重要主题的象征。

中国传统观念中的所谓"五福"，其中占居第一位的就是寿。《尚书·洪范》说："五福，一曰寿"，寿排第一；吉祥图案有"五福捧寿"，是五只蝙蝠围绕寿字的纹图，寿占中心。古人认为，"人在一切在"，俗谚所谓"留得青山在，不怕没柴烧"，因而"五福中唯寿为重"。与基督教徒等不同，中国人抱持的是一种现世观，我们的理想、幸福大多寄托在现实生命之中。这就决定了人们不会像基督教徒等那样寻求现世的超脱，而是执著于现世，追求生命的长久与无限。由此可知，同胞们注重寿考、在"寿"这个汉字上大做文章，是极其自然的。

《辞源》载"寿"的释义有七项，除一项之外，其他都与吉祥观念中寿的主题有关，分别是：长久；年纪长，寿命；老年人；祝人长寿；生日，如寿辰、寿诞；旧时土葬，为死者准备殓物的婉辞。在汉语里，以寿为主题之一组成的祝颂辞、吉祥话很多，诸如寿元、寿安、寿考、寿恺、寿康、寿乐等，许多事物被冠以寿字，如菊称寿客，桃有寿桃，传说中有寿木，天空里的老人星被视作寿星，祝寿的酒被称作"寿酒"，上寿的酒樽被称作"寿尊"，还有专门用来祝寿的文字"寿序"、"寿诗"、"寿联"，等等。此外，人们还通过联类比喻、谐音假借等手法，创作了许多寿的吉祥象征物。其中有万古长青的松柏，寿可千年的龟鹤，食之延年的灵芝、仙桃、枸杞、菊花，色彩缤纷的绶鸟，还有生活中反映自然情趣的猫戏蝶……

寿字崖。位于安徽休宁齐云山。相传崖上"寿"字为慈禧所书。

在寿的文字图像上，人们也大做文章。这里寿已经不再是一个一般的汉字，而是被图案化、艺术化，变成了吉祥符。据统计，"寿"字有三百多种图形，变化丰富。其中有单字表意的图案，字形长的叫长寿，字形圆的叫圆寿（无疾而终称为"圆寿"）或团寿；也有多字表意的图案，譬如常见的"百寿图"、"双百寿图"，是由不同形体的"寿"组成的，其中又有列成方形和寿字形的；此外还有与其他吉祥物或吉祥符组合的图案，诸如：

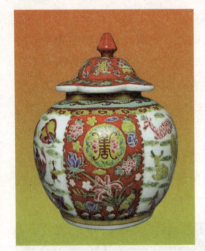

寿字纹盖罐。明代瓷器。

万寿团——由卍字和寿字组成。

如意寿字团——如意头与寿字组成。

如意团万寿——如意头与卍字、寿字组成。

五福捧寿——五只蝙蝠围绕寿字的纹图。

多福多寿——许多蝙蝠和寿字的纹图。

　　独立的寿字图案和与其他事物的组合图案，广泛地运用于我们的日常生活和礼仪生活中。祝寿送一幅"百寿图"，是顶好的礼品，这不言而喻，而其他有关祝寿的礼物，也有贴寿辞或寿字的。在日常生活中，这些字符、图案也常见于衣料、建筑、家具、什器等。旧时，上了年纪的人常穿衣襟有寿字的衣服，枕头顶部绣寿字，锦缎被面织寿字。北方农村民居的炕围画中也常见寿字，夏天用的纱门有做成寿字形框架的，椽子头的平面上有漆寿字的，砖墙也有刻寿字的，更有在进院门的照壁雕刻寿字或鎏金百寿图者，等等。

百寿图。乔家大院影壁。

囍

囍，习惯称作"双喜"。它是一个汉字，也可以说是一个图符。因它由两个喜字合成，故有"双喜"之称。在民间，它是家喻户晓、尽人皆知的吉祥符。

据传，囍为宋代大文豪王安石所创。一次，王安石进京赶考，见一户富贵大族人家门前张灯结彩，灯上悬挂一副上联"天边碧树春滋雨，雨滋春树碧连天"，传谕众人，说是小姐出的上联，有谁对出下联来，就将小姐嫁他，但始终无人对得上来。王安石见此颇觉有趣，但因为应考在即，当时没有理会，却将对联熟记于心。考试时，王安石顺利闯过诗、赋、策论三关。不料主考官还要试一下他的才智应对，面试时考官出一上联"地满红香花连风，风连花香红满地"，要王安石对下联，王安石灵机一动，随口将小姐的上联说出作为下联。科考结束后，王安石急赴那户人家。恰好还无人对出下联，王安石即用考官的联语应对。主人见王安石才思敏捷，一表人才，因得到如此乘龙快婿而心中大喜。洞房花烛之时，又得知金榜题名，王安石情不自禁，铺纸濡墨，挥毫连写两个大喜字，以表达喜上加喜的心境。从此，"囍"就成为喜庆、尤其是婚庆的吉庆符瑞。

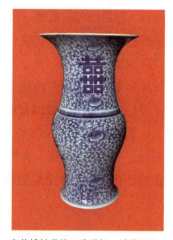

青花缠枝莲纹双喜花觚。清代瓷器。

在传统中国，民间以喜为"五福"之一，由此可知对喜的重视。中国人的人生态度一般都是入世的，热爱现实生活，追求现实生活的充实、欢悦。因而，人们把许多事物都视作喜，诸如婚娶、中考、路

双喜挂件

双喜贵子。传统吉祥图案。

遇故旧、亲朋来访等等，都是喜。由此，人们也创设了许多表示欢乐喜庆的吉祥物，如喜鹊、喜蛛、鹘、獾等。双喜临门之时，除用两只喜鹊表情达意之外，又创造了使用起来更加方便而直观的"囍"，恰切地表现情感意绪。

囍在日常生活、礼仪生活中的应用极为广泛，尤其是多用于婚嫁的各种装饰和仪节之中。当今社会，人家嫁娶，都要在门口左右贴大囍字，娶亲的汽车上也要贴囍。新房之中，家具、墙壁、门窗也多贴囍。贴在屋顶四角的囍倒置，俗称"喜到"，以"倒"谐"到"之音。新婚所用的被褥、妆奁以及其他几乎所有用品，也多织绣、图绘囍字。锦缎被面有织"龙凤双囍"者，是龙凤围绕囍的纹图。又有"双凤双喜"，是双凤围绕囍的纹图。由于喜庆欢悦是人们无时无刻不向往和追求的目标，故而囍也常常见于日常生活。举凡画稿、衣料、建筑、家具、什器或其他日用品上，均可以见到囍的纹图。就图案而言，囍的变形还有长囍、圆囍等。

表示喜庆欢悦的意思，还有"禧"字。禧的意思是幸福吉祥，与囍大致相同。我国一些地区，春节在屋内房梁上贴吉祥话，其中有"抬头见禧"；又在院外墙壁、树木上贴吉祥话，其中有"出门见禧"，等等。

卐起初不是汉字，而是梵文，读作Srivatsalalsana（室利靺蹉洛刹曩），意思是"胸部的吉祥标志"。卐原本是古代的一种符咒、护符或宗教标志，被认为是太阳或火的象征。佛教典籍说佛主再世而生，胸前隐约凸起卐字纹。这种标志旧时译为"吉祥海云相"。传说佛祖释迦牟尼有三十二相，胸部有这种标志的就叫"吉祥海云相"。从卐的两种意译可知，它是吉祥幸福的象征，诚如佛经《华严经·入法界品》所说："胸标卍字，七处平满。"

卍字纹青花方型水仙盆。清代工艺品。

佛教传入我国以后，以其强大而坚韧的渗透力，波及人们物质、精神文化的许多方面。语言文字方面也是如此，比如汉语词汇中的"三生有幸"等就是佛语的借用，卍也是如此。卍正式被用作汉字，是在女皇帝武则天当政的周长寿二年（693）。唐代僧人慧苑的《华严音义》记载了此事："本非汉字，周长寿二年，权制此文，音之为万，谓吉祥万德之所集也。"由此，以后的佛经中便将卍写作"万"。

尽管卍被采用成了汉字，但它更多地还是以图案的面目出现，被人应用，就像"囍"一样。卍可谓"天生丽质"，不仅受君主官宦的青睐，也受大众百姓的喜爱。皇室帝家可以用它象征、祝颂"大×"、"×家"的天下千秋万代、永不变色，贫民百姓也可以用来祈盼子孙绵延、福寿安康。吉祥图案中有"万字流水"，借卍四端伸出、连续反复而绘成各种连锁花纹（多为四方连续图案），意为绵长不断。"万字锦"的纹样便是"万字流水"。此外有长脚卍字，意思是富贵不断头。卍与变体寿字配合而成的纹图，叫做"团万寿"、"万字锦"。万字流水及万寿图案多用作图绘的底纹，广泛用于衣料、建筑、家具和什器。其中最突出的当推衣饰：旧时，有万字锦缎，城乡的头面人物多有以此作衣料制成长袍马褂者；君主大臣的龙袍朝服也有绣或贴卍字者。这大约正是要图个"胸标卍字，七处平满"的吉利。

另外，据传有卍果，又称万寿果，也是吉祥珍品。清人李调元的著作《南越笔记》谈到广东的果品时就说："卍果，果作卍字形，画甚方正，蒂在字中不可见，生食香甘，一名蓬松子。"这可以说是卍的又一番奇景了。

万字锦地龙凤图花钵

招财进宝

汉字是表意文字，许多汉字又是从象形（描绘事物的形象）发展而来的，结构上又可分可合，这就为人们利用文字创造吉祥符号创造了条件。囍这个吉祥符号就是这样来的，但结构还比较简单，更为复杂而常见的还有龘和乶。

从古至今，在人们的各种愿望中，获得财富都是最为突出的一种。三吉星中有禄星，是有关禄命的，与财富有关。民神之中，不仅有财神，而且武财神之外还有文财神，正财神之外还有四个偏财神……民众的创造力当然也没有遗忘文字的领域，于是就有了四个汉字组成的吉祥符龘、乶。

招财进宝实际上是一句吉祥话，而这句吉祥话又概括了两个偏财神的名号——招财、进宝。招财、进宝与纳珍、利市都是财神爷赵公明的属下，分别属东、西、南、北四路，合称五路财神。由于字形的结构特点，招财、进宝四字经过减划连笔，被组合成了龘，其中贝（繁体作贝，古代曾是通用货币）这部分宝（寶）和财（财）两字兼用。组合而成的图案既像一个繁难的汉字，又是一句吉祥话，从而成为一个表意明确又堪称美观的吉祥符。

龘的应用还是比较广泛的。最突出的是商家，普通人

招财进宝。民间剪纸。

家在年节期间也有应用的。具体
形式，有刻镂在门板、柜台上的，
有雕刻在砖墙、瓦檐上的，其他
家具如屏风等也有雕镂的。书写
张贴则更为简便，尤其多用在年
节期间，有斗方，也有挂笺。现
在，由于工艺的演进，在切凿纸
卡做成的年节祝吉工艺品上，这
种吉祥符也十分多见，而且大部
分与生肖图像、其他吉祥符图、
吉祥物件组合，表意丰富，精巧
美观，极富装饰和喜庆气氛。

招财进宝。传统吉祥图案。

黄金万两

龘与蕎是同一种类的组合字吉祥符，
而且祈祝的指向都是财富。黄金是贵金
属，在古代曾作为货币使用，在今天仍然
是货币的本位，而黄金制品也从来都是贵
重之物……因此，黄金可以说是财富的象
征。万两黄金，当然是一笔巨大的财富，
也是人们一心想获得的。而又是由于字形
的结构特点，黄金万（萬）两四个字经过
减划连笔，被组合成了蕎，其中也有一部
分笔画兼用，兼用的部分比龘还要多。

蕎的基本形式是在菱形（也有长方
形）的背景上写蕎字，一般是在红纸底

黄金万两挂件

黄金万两。苏州年画。

上写墨字或金字。而装饰加工的，则要繁杂、美观得多，而且不仅以纸为材质，也有在木、玉之上雕刻的。比如聚宝盆上站立小孩，小孩头上写蕃，并装饰古钱、宝珠、如意等吉祥物，组成吉祥画"黄金万两"。或者在小灯笼上写蕃，上连中国结，下缀流苏，构成黄金万两挂件。此外，雕刻这一吉祥字符的佩件、摆件也是比较常见的。

蕃的运用也比较广泛，大体情形和鑫近似。除了在家具、建筑、画稿上使用以及春节期间书写、彩绘、刻镂张贴外，如前所述，在日用佩饰中也经常可以见到它，比如玉佩、中国结以及其他吉祥挂件等。近些年来，由于经济生活深受人们的重视，这种吉祥字符也更是大行其道，所在多见。

盘 长

随着中华民族的伟大复兴，我国传统的吉祥图符等也重又焕发了青春。这其中有一种叫盘长的，国内首屈一指的通讯公司的 logo，用的就是它的元素。

盘长本来是佛家的"八宝"之一。按佛家解释，盘长寓意着"回环贯彻、一切通明"，本身含有事事顺、路路通的意思。同时，其图案本身盘曲连接，无头无尾，无休无止，显示出绵延不断的连续感，因而被民众取作吉祥符。

作为连绵不断的象征，盘长的适用性很强，世代绵延，福禄承袭，寿康永续，财富源源不断，以至于爱情之树的常青，都可以用它来表达、来象征。盘长的图案在建筑、衣物上运用最广。北方农村民居木窗棂、纱门多用盘长的图案做成镂花或框架，炕围画以及床单、台布等也多有单个盘长为角花或二方连续花边的。传统服装有的把布条扎结成盘长的形状，缀饰在衣襟边角。总之，大至建筑的窗格、桥头的栏

火镰铺幌子上的盘长纹

杆，小至衣着的纽扣、佩饰的系带，做成盘长纹样的很多。十几年前，有一种夏令女衫颇为流行，其款式与一般白色短袖衫相差无几，只是在胸前缀有黑色布带盘长，盘长的两端恰到好处地由胸前延向双肩，既突出了女性胸部之美，也寄寓了幸福绵长的情意。近些年来风行的中国节，实际上主要就是以盘长图案编结的。

盘长有单独应用的，有二方连续的，有用作角花的，还有变形的双盘长、梅花盘长、万代盘长、方胜盘长、套方胜盘长等。还有将其外部轮廓线形变化成葫芦模样的，有的则与几何形化了的篆体寿字组成花边。

盘长纹古银戒

吉祥娃娃

223

方　胜

　　现在人们很少写信了，而过去，传递讯息靠写信，表情达意尤其是传达爱情就更要靠信。记得那时有谁折开翩然而至的情书，拿出来的往往并非简单折几折的信笺，而是把信笺叠成窄条又交叉叠在一起的，就像菱花。这又并非人们故弄玄虚，而是这样做有一定的含义，而这含义又与传统吉祥符方胜有关。

　　胜原本是一种妇女的首饰。史载汉代流行一种叫"胜"的首饰，用金、铜或玉石做成，戴在头上以妆扮修饰。胜的取意是"优美"、"优胜"，《辞源》释胜第六条云："事物优越美好的叫胜。"传说中的西王母曾戴过这种首饰，《山海经·西山经》说：西王母"蓬发戴胜"，注解说"胜，玉胜也"，可知西王母所戴之胜是玉制的。胜是上述这类妇女的优美首饰的总称，实际上它又可以分为数种：

　　华胜，也叫花胜，是花形的胜，剪彩（彩色的布帛或绢纸）为之，其形状近似于现代的花结。《后汉书·舆服志》记载："太皇太后、皇太后入庙服……簪以玳瑁为摘，长一尺，端为华胜，上为凤凰爵，以翡翠为毛羽。"

　　人胜，是人像形状的胜。这种胜是镂刻或剪裁金箔等制成的。我国风俗认为正月初七是人日，旧时有在人日做人胜互相赠送祝福的风俗。温庭筠《菩萨蛮》词就说："藕丝秋色浅，人胜参差剪。"

清代掐丝珐琅方胜食盒

　　另外的一种便是方胜。华胜、人胜都是实物肖形的，方胜则是几何形状的，是两个菱形压角相叠而组成的图案或花样。方胜一方面取胜的吉祥意义，寓意"优胜"；一方面取其形状的压角相叠，寓意"同心"。同时，"方"字也可以形意双解，形指方胜图纹之方直而非圆曲，意义则可以解释为"正"、"犹"。这样，方胜除了胜字的优美、优胜的意义，又增添了同心、昌盛的意思，成为寓意丰富、图案精美的吉祥符。

就应用情形来看，方胜最多的还是以图案的形式出现。或独立作为纹图，或与盘长组成方胜盘长、套方胜盘长。此外，方胜也见于"八宝"图案之中。方胜的图案应用于衣料、建筑、家具、什器等。《宋史·舆服志》记载："方胜宜

晚清八宝方胜钱

男锦绶为第三等，左右仆射至龙图、天章、宝文阁直学士服之"，文中所提到的这种高官所穿的朝服，它的图案是方胜、萱草的纹图。前面提到的传统书信折叠法叫做"同心方胜"，王实甫《西厢记》三本一折有句云："不移时把花笺锦字，叠作个同心方胜儿。"这可以说是方胜的日常应用。

现代人虽然很少再叠"同心方胜"那样的情书了，但方胜的图案还是可以经常见到，实物做成方胜形状的也不少见。比如，现代妇女所用的彩结就可谓上承汉代妇女的首饰方胜，是其流风余韵。

祥　云

云是自然界常见的自然物象。但在古人的观念中，这种自然现象被加以神秘化，称某种情形的云为"祥云"；同时，云行天空，谈云亦即谈天，故而又以云代天。这样，云就从双重的角度被视为吉祥。

首先是一般的云，代表天空。表现为图案，最一般的是"云纹"，是以云的回还状貌构成的，早期见于青铜器上，也见之于他处。以云端的卷曲为纹图，称"云头"。古今各种物什多有用云头作角花装饰的，也有直接雕镂云头图案的。古时有"云头鞋"，鞋尖形似云头，故名。又有"流云纹"，由

225

鞋铺幌子

青花流云纹残罐。明代瓷器。

流畅的回旋形线条组成复杂多变的带状纹饰，就像流动的云彩，青铜器纹样有这种图案，织锦也有。还有"套云拐子"，是互相连接而曲折的形状，表示绵绵不断。这些云的纹样除了上文提到的用途外，还广泛应用于衣料、建筑、家具、什器等方面。吉祥图案有题"福运"二字的，是蝙蝠飞于云中的纹图。

介于一般云与祥云之间，有"青云"，指青天之云，比喻高官显爵。青云也是官名，汉代的应劭曾说："黄帝受命，有云瑞，故以云纪其事。春官为青云……"后世吉祥话有"青云直上"、"平步青云"等，都是祝颂官运亨通之辞。当今又有"步云"鞋，取意大略在"平步青云"，同时也给人行步的轻盈感，命名颇具匠心。吉祥图案有"青云得路"，为牧童放风筝飞入云端的纹图，应用于画稿、什器，祝颂官运亨通、升擢有路。

吉祥图案又有题"慈善祥云"者，为莲花搭配慈姑叶，周围加云的纹图。这里的祥云与上述一般的云和青云不同，是专门的祥瑞之云。这种预兆祥瑞的云也就是"五色云"。五色云为五种颜色的云彩，《旧唐书·郑肃传》说："仁表（郑肃的孙子）文章尤称俊拔，然恃才傲物……"尝曰："天瑞有五色云，人瑞有郑仁表。"元代方回的《次韵刘君鼎见赠》诗之二说："名场早捷千军阵，胪陛应符五彩云。"五色云亦称庆云、景云、卿云。《史记·天官书》说："若烟非烟，若云非云，郁郁纷纷，萧索轮囷，是谓卿云。"《汉书·天文志》同样的描述，名称则有一字之差，叫庆云。相传上古帝王虞舜又做过《卿云歌》，其词曰："卿云烂兮，纠缦缦兮，日月光华，旦复旦兮。"《瑞应图》说："景云者，太平之应也，一曰庆云。"纬书《孝经援神契》也说："德至山陵则景云出。德至深泉则黄龙见。"这种祥瑞之云出现在纹图中，大多是和其他吉祥物结合，并寄情寓意的。由于图案中并不总是能清晰地区别一般的云和庆云这类祥瑞的云，而且"青云"与"庆云"、"卿云"的读音接近，所以"平步青云"等图案中的云也可以看作庆云。

宝相花

宝相花是我国的传统吉祥纹样之一，较为常见。"宝相"原本是佛教词汇，佛家称庄严的佛像为宝相，所谓"庄严宝相"。南齐王简栖《头陁寺碑文》说："金资宝相，永藉闲安；息了心火，终焉游集。"后来的宝相花纹样的名称，可以说是由此借用而来。至于纹样的构成，也似有所本。蔷薇的一种名叫宝相花，这种花花朵硕大，颜色艳丽，花瓣繁多。宋代诗人梅尧臣和范成大都有咏

宝相花

宝相花的诗，范诗云："一架蔷薇四面重，花工不肯费胭脂。淡红点染轻随粉，泡偏幽香清露知。"宝相花的纹样对这种宝相花应当是有所仿效的。

不过，后来的宝相花图案则经过了艺术加工，一般以某种花卉（比如牡丹、莲花等）为主体，中间镶嵌形状不同、大小粗细有别的其他花叶。尤其是其花蕊和花瓣基部，用圆珠作规则排列，恰似闪闪发光的宝珠，再加多层次退晕色，显得珠光宝气、富丽华贵，所以叫"宝相花"，又称"宝仙花"、"宝花花"。总之，宝相花纹样并非某种实有花卉形象的描摹，而是对多种现实题材集中、提炼而成，是一种独特的、具有符号意义的纹样，是富贵吉祥的象征。

宝相花纹样开始盛行于隋唐时期。此后，它的使用范围极其广泛，在传统的建筑、家具、金银物什、瓷器以及石刻、木雕、织物、刺绣等方面，均可见到宝相花

青花宝相花僧帽壶。清代瓷器。

纹样，传统绘画中也多见此种图案。举世闻名的敦煌洞窟壁画中，就常可以见到宝相花纹样。衣物也有绘或绣这种图案的，《元史·舆服志》说："士卒袍，制以绢绝，绘宝相花。"在当代，除工艺品多见宝相花纹样外，日用品如瓷质盘碟以及织物、刺绣，仍然可以见到这种纹图。在使用中，宝相花纹样多为平面团花，但也有椭圆状、不规则矩形的，还有立式纹样。其适用的情形多因器物的外形而定，如瓷盘底部绘团花，边沿则绘多个立式纹样。

缠枝纹

　　与宝相花纹一样，缠枝纹也是以花草为基础综合而成的一种写意纹样。缠枝纹的原型是各种藤萝、卷草，诸如常春藤、扶芳藤、紫藤、金银花、爬山虎、凌霄、葡萄等等。这些植物的共同特点是藤蔓绵长，缠绕不绝，或枝干细软，细叶卷曲。如金银花，又称金银藤、忍冬，栽植于阳台、墙角、屋檐下，其藤蔓攀缘而上，凌冬不凋。又如凌霄，枝柔叶茂，茎蔓往往攀缘大树等，青云直上，高可达百尺，几凌霄汉，故宋代杨绘《凌霄花》诗说"直绕枝干凌霄去"。寓意吉祥的缠枝纹就是由这些植物的形象经提炼概括、变化而成。

　　缠枝纹图案委婉多姿，富有流动感、连续感，优美生动。因其图案结构韵律之连绵不断，故而寓有生生不息、千古不绝、万代绵长的意义。这种图案小可以寄托人们期冀长寿的心愿，进而可以表现家族世代绵长不断、香火不绝的愿望，大可以显示民族、国家千秋万岁、青春永驻的宏图。

　　缠枝纹大约起源于汉代，盛行于南北朝以及其后的各个朝代。它的应用也极为广泛，举凡雕刻、家具、什器、编织物、刺绣品等等，都可以见到这种纹样。由于这种纹样缠绕延展的特点，它多以二方、四方或多方连续为组织形式，常被用作边饰纹样，用于各种物什的边

缠枝纹青花罐。清代工艺品。

缘装饰，如碑刻的左右边沿，漆奁以及其他方形物什的四周边沿，器物圆盖、铜镜、陶瓷盘的周围边沿。书画作品也常有以这种图案为边沿者，民间木版年画以及其他木模范制食品（如月饼或其他糕点）也有以此为边缘纹饰者。此外，这种纹样还可以与其他纹样组合，如以莲花组成的缠枝纹称"缠枝莲花"，佛教刚进入中土的时代，墓穴雕刻、绘画多见此种纹饰；以牡丹、葡萄组成的称"缠枝牡丹"、"缠枝葡萄"，以人物和鸟兽组成的叫"人物鸟兽缠枝纹"；又有"缠枝菊"、"缠枝宝相花"、"缠枝石榴花"等。

回　纹

　　回纹是传统寓意纹样，所寓之意福寿吉祥、深远绵长。它是由古代陶器和青铜器上的雷纹衍化而来的几何纹样。雷纹是青铜器、古陶器常见的装饰纹样，又有云雷纹、乳钉雷纹、钩连雷纹、曲折雷纹、三角雷纹等。云雷纹的基本特征是以连续的回旋形线条构成几何图形，其中圆滑的也称"云纹"，方直的单称"雷纹"。乳钉雷纹通常是方格或斜方格之中饰有雷纹，中间是一个凸起的乳钉。钩连雷纹是斜条钩连递接，中间填以雷纹。曲折雷纹以雷纹组成多道狭带，作曲折形排列，或粗线雷纹与细线雷纹间隔交替。三角雷纹作倒置锯齿状，连续排列。雷纹可以用作底纹，也可以单独使用。回纹由雷纹中最常见的云雷纹变化而成，所以也叫云雷纹。因为它由横竖短线折绕组成方形或圆形的回环状花纹，形似"回"字，故称回纹。

　　回纹最早只是青铜器和陶器的装饰纹样，并不具备吉祥意义。到宋代，回纹被用作瓷器的辅助纹样，多装饰在盘、碗、瓶等器物的口沿或颈部，或用来隔开其他的纹饰。明清以来，回纹广泛用于织绣、地毯、木雕、瓷器、漆器、金　以及建筑装饰上，主要用作边饰和底纹。回纹不仅具有整齐划一的特点，而且绵延丰富。更重要的是，后世的回纹具有吉祥寓意，即诸般事宜（如福、禄、寿、世代、国运等）的深远、绵长，与吉祥符卍的寓意相近，故而民间称作"富贵不断头"。回纹形式有单体、一反一正相连成对以及连续不断的带状形，二方连续是最常见的形式，也有四方连续组合的，俗称"回回锦"。

十二章纹

十二章纹。传统吉祥图案。

一般来说，大部的吉祥符图都是全民族通用的，也有一些则专用于某些人或某种专门场合。比如龙的图案，在封建时代只有帝王才能用，而且又只有皇帝的冕服（礼服）才能绣九条龙，亲王则要少一些。又如十二章纹，只有皇帝的冕服才能使用，而且只有在最隆重的场合才能使用。像十二章纹这样的图案今天虽然已经失去了附丽的基础，但它仍然有认识价值，乃至实用价值。

　　十二章纹是十二种图案的组合，这十二种图案分别是：日、月、星辰、龙、山、华虫、火、宗彝、藻、粉米、黼、黻；后九种也叫九章（纹）。十二种图案都是依据自然或人工物绘成的，而且各有取义：

日（日中有三足鸟，彩云烘托）

月（月中有玉兔捣药，彩云托护）——取其照临。

星辰（三星并列，以直线相连）

山（山岳一座）——取其稳重。

龙（五爪龙一对，身披鳞甲）——取其应变。

华虫（彩羽雉鸟一对）——取其文丽。

宗彝（祭祀酒器，上绘一虎一蜼〔长尾猴〕）——取其忠孝。

藻（丛生水草）——取其洁净。

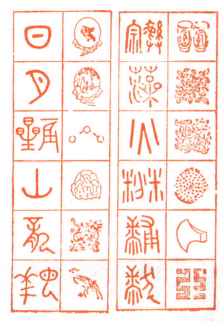

十二章纹

火（如光炎状）——取其光明。

粉米（白米）——取其滋养。

黼（斧形花纹）——取其决断。

黻（亚形图案或绘两兽相背）——取其明辨。

显然，这十二种取义，正说明了帝王的必备品德与职责所在，可谓寓意深广。

就像前面指出的那样，十二章纹只能用于皇帝的冕服，而且只能在最隆重的场合使用。除皇帝之外，贵族也可以用章纹。比如在周朝，诸侯卿大夫与天子一起参加祭祀，"从公爵起视帝服降一等用之"，即天子用十二章，公爵用九章，侯、伯用七章、五章……章纹的数目，大体上与冕旒（穿着玉珠的组缨）相称，一般是天子十二，诸侯九，上大夫七，下大夫五。以后历代，大体略同。南北朝以后，只有皇帝才能用冕，相应地，章纹也就退出了贵族服饰。

作为一种吉祥图案，十二章纹除在服装上应用外，也在其他物件上出现。如十二章纹圭璧，圭面即饰有十二章纹，是古时帝王祭祀时所执的玉器。清代有白玉雕十二章纹圭璧摆件，是乾隆时祭祀用的礼器。不过，十二章纹毕竟是贵族化的，民间较少使用。倒是在现代的大型祭典（祭炎黄二帝、祭孔等），还能在祭服上看到这样的纹饰；其他艺术、装饰品（如大型公共场所壁画、装饰画、屏风等实用器物的装饰图案，等等），也能见到这样的纹样。因为归根结底，它是中华文化象征符号重要的一部分。

清代十二章纹龙袍

太极图

　　在我国传统的吉祥图符中，大部分为广大民众所熟悉、运用，其间的寓意也比较具体，很好理解。但其中也有一些图符，其内涵相当丰富，象征了宇宙本原的生成发展，其意蕴要上升到哲学的层面来解释。太极图、八卦图就是这样的图符。

　　按照我国传统的宇宙哲学来解释，太极是宇宙中原始的混沌之气，是万物万象的根源。《易经·系辞》说："《易》著太极，是生两仪。两仪生四象，四象生八卦。八卦定吉凶，吉凶生大业。"也就是说，混沌之气运动而分为阴阳，由阴阳而生出四时，因而出现天、地、风、雷、火、水、山、

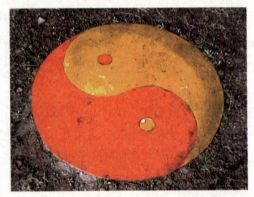

四川青城山天龙宫太极图

泽八种自然现象，由此衍生出宇宙万事万物。

　　太极图是以黑白两条游鱼组成的圆形图案，俗称阴阳鱼。图中的两条鱼鱼身弯曲圆畅，有流动不居之势；首尾衔接，有圆转不绝之感；黑白相间，形成鲜明对照。这些，生动形象地表达了阴阳轮转、相反相成的哲理，诠解了宇宙万物生成变化的原理；同时，对称、对照及圆转，又体

龙纹太极图青花盘。清代工艺品。

现了一种富含哲理的形式美，为我国的民族图案奠定了基本的结构原理。除了这种形式之外，太极图还有别的形式。如宋代大儒周敦颐引入阴阳五行说，创造了一种独特的太极图。不过，这种太极图是周氏图解自己的哲学观点的，并没有流行起来。

由于太极图寓意高深，又有道教色彩，所以民间的应用算不上十分多见，尤其是单纯图案比较少。不过，太极图还是隐隐约约地出现在人们的生活中。比如在装饰图案或园林设计中，太极图型的图案就比较常见。在衣饰以及其他日用织物中，太极图型的图案也比较多见。尽管吉祥图案中少见太极图，但有许多却是按它的结构原理设计的，如喜相逢、鸾凤和鸣、龙凤呈祥等等。

八卦图

与太极图相类似的吉祥图符，还有八卦图。这同样是一种寓含哲理意蕴的图形，而且常与太极图一同出现，组合成太极八卦图。

八卦最初不过是上古人们记事的符号，后来又被用作卜筮符号，并加以神秘化，逐渐附丽了非常丰富的内涵。相传八卦为伏羲所作，《太平御览》说："伏羲坐于方坛之上，听八风之气，乃画八卦。"八卦由最基本的两种符号："一"（阳）、"- -"（阴）组成，它们是八卦的根本。八卦的符号和名称分别是：乾☰、坤☷、震☳、巽☴、兑☱、艮☶、离☲、坎☵。八卦中的每种符号都象征一定属性的事物，依上述顺序排列分别是天、地、雷、风、山、泽、火、水八种自然现象。其中乾与坤、震与巽、坎与离、艮与兑都是对立的。八卦又以两两相叠，推演为六十四卦，用

太极八卦图

伏羲像。甘肃天水伏羲庙中所供神像。

来象征自然现象和社会现象的变化。

　　八卦图由八卦符号组成。一般为八角形，八等分后的每个部分各绘一种八卦符号，围绕中间呈圆周型排列，因而八卦符号都略呈圆弧形、放射状。除单独出现外，八卦图更多地与太极图一起，组成太极八卦图。

　　八卦图寓意深刻、丰富，古人常用它作为除凶避灾的吉祥图案，进而凝固为驱凶辟祟、趋利向善的吉祥符。它的用途颇广，实物，建筑、什器、衣物等经常可以见到这种符图。

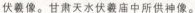